Jochen Klauß

GOETHE *unterwegs*

Eine kulturgeschichtliche Betrachtung

Nationale Forschungs- und Gedenkstätten der klassischen deutschen Literatur in Weimar

»... die beste Bildung findet ein gescheiter Mensch auf Reisen.«

›Goethe unterwegs‹ wendet sich einem Lebensbereich des Dichters, Wissenschaftlers und Politikers zu, der bestens bekannt zu sein scheint. Der literarisch Interessierte weiß, daß Goethe in Italien und der Schweiz war, daß er Berlin und Krakau, nie aber Wien, Petersburg oder London selbst gesehen hat; auch die Kenntnis von seiner Teilnahme an dem Feldzug gegen das revolutionäre Frankreich z. B. dürfte allgemein vorausgesetzt werden. Gleichermaßen ist klar, daß der Minister Herzog Karl Augusts in dienstlicher Eigenschaft viel unterwegs sein mußte, unterstanden ihm doch u. a. die Ressorts Bergbau, Straßenwesen und Kultur.

Viel weniger Kenntnisse jedoch sind wohl darüber verbreitet, in welchem kulturgeschichtlichen Umfeld sich eine Reise zur damaligen Zeit im allgemeinen abwickelte und wie Goethe im besonderen zu reisen pflegte. Nicht eine Schilderung der einzelnen Reisen Goethes unter literaturgeschichtlichen oder anderen fachwissenschaftlichen Gesichtspunkten[1] ist deshalb das Ziel dieser Schrift, vielmehr sollen praktische Fragen des Alltags einer solchen Reise gestellt und womöglich beantwortet werden, so z. B.: Wie bereitete sich Goethe auf eine Reise vor? Wie und womit reiste er? Was hemmte, was förderte sein Fortkommen? Wie sahen auf den einzelnen Reisen die Gasthöfe aus, worin bestand die Verpflegung? Welche hygienischen Bedingungen existierten, welche Gefahren mußten bestanden werden? Hatte Goethe, vor allem bei den Auslandsreisen, klimatische, Bekleidungs-, Finanzierungs- oder Sprachprobleme? Inwieweit wurden die einzelnen Reisen von der sozialen, politischen oder militärischen Realität des Reiselandes, der bereisten Gegend berührt? So wenig sich dieser Fragenkatalog begrenzen ließe, so wenig kann erwartet werden, daß sich hier alle auftauchenden kulturgeschichtlichen Probleme erschöpfend erörtern ließen. Es bedurfte deshalb des Mutes zur Lücke.

Vor allem Goethe selbst soll zur Verdeutlichung einzelner Reiseschwierigkeiten zitiert werden, aber auch Zeitgenossen, die unter ähnlichen oder gleichen Umständen dieselben oder vergleichbare Routen bereist haben. Diese Belege, vor allem aus Goethes Briefen, Tagebüchern und Reiseberichten, aber auch aus seinen poetischen Werken, sind keinesfalls vollständig; sie sollen eine Anregung für den Leser sein, selbst zu den Goetheschen Texten zu greifen. Ergänzend wurden auch verschiedene, z. T. nicht leicht zugängliche Reiseberichte jener Zeit benutzt, um einzelne Sachfragen näher zu erläutern. So sind z. B. bei der ausführlichen Darstellung der ersten italienischen Reise Werke von Johann Hermann von Riedesel, August Ludwig Schlözer, Karl Philipp Moritz, Johann Gottfried Herder, Friedrich Leopold zu Stolberg, Joseph Hager, Johann Gottfried Seume, Karl Friedrich Schinkel und August Wilhelm Kephalides herangezogen worden. Trotz beträchtlicher politischer und sozialökonomischer Wandlungen in Europa in den Jahrzehnten um die Jahrhundertwende, u. a. hervorgerufen durch die Folgen der napoleonischen Kriege, haben doch in der Infrastruktur, im Transport- und Gasthauswesen, bei den Postlinien, den Münzen und Geldsorten, den Reisegeschwindigkeiten und Reisegewohnheiten keinerlei gravierende Änderungen bis 1830 stattgefunden, so daß Vergleiche legitim sind. Erst Mitte des 19. Jahrhunderts, mit dem Aufkommen der Eisenbahn, setzte sich auf diesem Gebiet eine neue Qualität des Reisens durch.

Dem Text wurden Abbildungen von Goethe-Zeichnungen zugeordnet, die während der beschriebenen Reisen entstanden oder in deutlichem Bezug zu diesen stehen.

Zur europäischen Reisepraxis im späten 18. und frühen 19. Jahrhundert

». . . die beste Bildung findet ein gescheiter Mensch auf Reisen«, meint Werner in Goethes Roman ›Wilhelm Meisters Lehrjahre‹ (WA I 22, 146). Dem war nicht immer so. Noch im 16. und beginnenden 17. Jahrhundert reiste man nur, wenn man mußte. Kriegerische Auseinandersetzungen und unsichere Straßen, mangelhafte Gefährte und unzureichende Hygiene schreckten ab; nicht zuletzt zwangen Besitz oder die Sorge um den täglichen Lebensunterhalt zum Verbleib am angestammten Platz. Generationenalte Tradition, festgelegtes Herkommen und unverrückbarer Lebensgang bannten den mittelalterlichen Menschen in einen engen Lebenszirkel. Nur Fuhrleute und vereinzelt Kaufleute, vor allem aber Studenten, Spielleute, Gaukler und Zigeuner zogen durch die Lande; sie rechneten zum fahrenden Volk, dem von alters her der Geruch von Liederlichkeit und unredlichem Auskommen anhaftete.

Ende des 17./Anfang des 18. Jahrhunderts hatte sich das grundlegend geändert. Der aufkommende Kapitalismus, die Entdeckung der außereuropäischen Welt und ihre fortschreitende Kolonialisierung, der rapide Aufschwung von Handel und Wandel, die Infragestellung der einst so festgefügten mittelalterlich-kirchlichen Weltsicht, die zunehmenden Landverbindungen veränderten die Lebensgewohnheiten der Menschen. Das Reisen aus Bildungs- und Vergnügungsabsichten heraus wurde durch neu entstehende Schiffahrtslinien und den Ausbau der Handelsstraßen erleichtert, Postrouten entstanden, die Reisemittel zu Land und zu Wasser wurden technisch vervollkommnet. Von der Mitte des 17. Jahrhunderts an begann das Reisen Bildungsfach und Modeerscheinung zu werden, dem Adel wie Bürgertum huldigten.

Die althergebrachte Kavalierstour des jungen Adligen, der sich Schliff und Umgangsformen, Menschen- und Weltkenntnis erwerben sollte, führte nun nicht mehr allein nach Frankreich oder Italien, sondern begriff auch das bürgerlich-fortschrittliche England und die Niederlande ein. Auch das Bürgertum reiste, freilich mit mehr merkantiler oder Bildungsabsicht. Bewußte Abkehr von der ›polierten‹ Welt der Aristokratie, dazu die Naturschwärmerei führten Ende des 18. Jahrhunderts zur Entdeckung und Erschließung der Schweiz oder Schottlands als Reiseländer. In Deutschland selbst wurden z. B. das Elsaß und der Harz, der Thüringer Wald und das Erzgebirge zu solchen neuen Reisezielen. 50 Jahre vorher hatten alle diese Gegenden noch als Terra incognita gegolten, die man infolge ihrer Unpassierbarkeit und Gefährlichkeit Afrika oder der Neuen Welt gleichsetzte.

Mit der Reiselust schwoll ab 1750 die Reiseliteratur flutartig an, kam es zur Herausbildung einer Wissenschaft von der Reise, der Apodemik, die feste Verhaltensregeln für eine standesgemäße Reise entwickelte. Die Reise als soziales Verhaltensmuster wurde stilisiert und ästhetisiert, literarische Gestalten wie Héloise, Werther, Sir Charles Grandison oder die von Memel nach Sachsen reisende Sophie waren die idealen Vorbilder. ›Empfindsame‹ Reiseberichte und praktikable Nachschlagewerke standen reichlich zur Verfügung: Journale, Enzyklopädien, Sach-, Fach- und landeskundliche Handbücher vermittelten Kenntnisse und Hinweise zur ›Kunst des Reisens‹.

Wie sah die Realität einer Landreise zu jener Zeit aus? Man reiste, je nach Stand und finanziellen Möglichkeiten,[2] zu Fuß, zu Pferd oder mit dem Fahrzeug. Die Fußreise war die billigste, aber auch anstrengendste, gefährlichste und in sozialer Hinsicht anrüchigste Reiseart. Wind und Wetter, oft auch Wegelagerern ausgesetzt, auf das allernotwendigste Gepäck eingeschränkt, kam der Fußreisende verhältnismäßig langsam voran, lernte allerdings die bereisten Gegenden und Länder am intensivsten kennen. Johann Gottfried Seume, der 1802 einen ›Spaziergang‹ von Leipzig nach Syrakus auf Sizilien bewältigte, ist ein bekanntes Beispiel,[3] und die Romantiker haben die Fußreise poetisch verklärt, so z. B. Wilhelm Heinrich Wackenroder und der junge Ludwig Tieck.[4] Bezeichnend für die sich um 1800 wandelnde öffentliche Bewertung des Fußreisenden ist ein Artikel im vielgelesenen ›Journal des Luxus und der Moden‹, in dem sich der Verfasser mit Eloquenz gegen das noch anzutreffende, ständisch motivierte Vorurteil wandte. Die Zeit sei vorbei, da man Fußreisende ungestraft als ›Landstreicher‹, ›Pickelheringe‹ oder ›Seiltänzer‹ bezeichnen, ja ihnen sogar die Übernachtung in Wirtshäusern verwehren könne. Zum Zwecke der sozialen Legitimierung empfahl der Autor, eine zweckmäßige ›Uniform für Reisende zu Fuße‹ zu tragen, die u. a. Lederhut, Umhängetasche, Terzerol, Habersack, gute wollene Strümpfe, Rohrstock mit inwendigem Besteck, Tabakspfeife ›gegen die Dünste in Bauernhäusern‹ umfassen sollte. Der Verfasser, ein Professor, merkte verärgert an, er habe in der Vergangenheit bei Fußreisen stets Laufzettel an die Gasthäuser vorausschicken müssen, um einer wohlwollenden Aufnahme und ordentlichen Bewirtung gewiß sein zu können.[5]

Die Reise mit dem Pferd setzte gleichfalls Beschränkungen des Gepäcks voraus, war auch bei längeren Strecken körperlich außerordentlich anstrengend. Sie war teurer als die Fußreise, brachte Abhängigkeiten hinsichtlich der Futterbeschaffung und der Stallungen an Gasthäusern und setzte den Reisenden immer noch beträchtlich den Gefahren der Straße aus. Als Goethe, noch Student in Leipzig, sein Pferd einmal nicht zügeln konnte, stürzte er sich bewußt aus dem Sattel, um Schlimmeres, z. B. das Schleifen, zu verhüten: »Aber, Gott sei Dank, ich habe mir keinen Schaden getan«, schrieb er an einen Freund, »denn Du kannst wohl raten, daß ich ein aufgestoßnes Kinn, eine zerschlagne Lippe und ein geschellertes Auge nicht unter die großen Schäden rechne.« (WA IV 1, 126) Andererseits konnte mit dem Pferd relativ schnell und selbständig gereist werden. Daniel Chodowieckis Ritt 1773 von Berlin nach Danzig erregte seinerzeit Bewunderung: Er legte in acht Reisetagen eine Strecke von 450 km zurück.[6] Der Reiseschriftsteller Franz Posselt hat in einem Handbuch von 1795 das Reiten enthusiastisch empfohlen: »Nichts erschüttert so sehr den ganzen Körper, bringt die stockenden Flüssigkeiten in den feinsten Gefäßen wieder in Bewegung, stärkt die Muskeln des Unterleibs, befördert die Verdauung, erweckt den Appetit, hilft zur unmerklichen Ausdünstung . . ., erheitert den Geist und beschleunigt die Wirkungen der Phantasie und des Verstandes als ein mäßiges, aber anhaltendes Reiten.«[7] Auch der Berittene wurde sozial eingeschätzt. Bei schlechter Kleidung oder auffällig geringem Gepäck konnte er in der Regel nur mit minderem Service in den Gasthäusern rechnen.

Bei den Kutschenreisen stand um 1800 entweder die ordinäre Post oder die Eilpost zur Verfügung, wenn man über keinen eigenen Wagen verfügte. Die Fuhrwerke waren in der Regel mit drei, vier oder acht Pferden bespannt und verkehrten in festgelegten Fristen auf festgelegten Strecken zu einem fixen Preis. Reisedauer, Routen und Kosten ließen sich einigermaßen genau bestimmen. Am teuersten waren die Extraposten, bei denen man Strecke und Tempo selbst festlegen und allein oder mit Begleitern eigener Wahl reisen konnte. Bei der öffentlichen Postkutsche wurde die Sitzordnung nach der Reihenfolge der Einschreibung im Posthaus geregelt, dort erfolgte auch die Zahlung des Postgeldes vor Antritt der Fahrt sowie die Abgabe des limitierten Gepäcks; Felleisen beispielsweise durften maximal 40 Pfund Gewicht haben.[8] Der Fahrpreis summierte sich aus Fahrgeld, Chausseegeld, Brückengeld, Vorspanngeld, Schmiergeld und Trinkgeld. Ausgaben für die Unterkunft und Verpflegung in Gasthäusern, für Barbier und eventuelles Bad waren selbst zu tragen. Für eine erträgliche Fahrt galt die Faustregel: 1 deutsche Meile kostet 1 Dukaten. Die Postkutschenreise war darüber hinaus oft gefährlich, schmerzhaft und anstrengend. Carl August Becker, herzoglich-sächsischer Postmeister zu Jena, rief 1803 Reisende *und* Postbeamte zu Bescheidenheit und Höflichkeit auf und appellierte an beide Seiten, nicht »mit ungebührenden Reden und Scheltworten anzugreifen oder wohl gar mit ungebührenden Real-Injurien zu beleidigen«[9].

Schlägereien scheint es bei der ordinären Postbeförderung des öfteren gegeben zu haben, veranlaßt durch Streitigkeiten um Preise oder die Sitzordnung auf der Kutsche, durch fehlende Pferde, das unerlaubte Rauchen während der Fahrt, die nicht genehmigte Mitnahme von Hunden oder blinden Passagieren, was sich die Fuhrleute privat honorieren ließen.[10] Unumstößlich galt für den ›Schwager‹ auf dem Bock Reichards Formulierung von 1803: »Wer gut schmiert, der fährt auch gut! Diese Wahrheit ist weniger von der Achse als vielmehr vom Postillione zu verstehen.«[11]

Die Entfernung zwischen zwei Posten, an denen die Pferde gewechselt wurden, maß in der Regel drei deutsche Meilen (25 km). Bei einer Geschwindigkeit von 7 bis 12 km/h, abhängig vom Geländeprofil, betrug eine Fahrzeit etwa 3 bis 5 Stunden. Da an den Poststationen Aufenthalte bis zu zwei Stunden nicht selten waren, lag eine Tagesleistung höchstens bei 75 bis 100 km. Ausgefahrene Wagenspuren, oft genug mit wechselnden Spurbreiten, brachten die Gefahr des Umwerfens mit sich, wobei es zu Knochenbrüchen oder zu Quetschungen durch herumstürzende Koffer, Kisten und Fässer kommen konnte; ›Hals- und Beinbruch‹ war der gängigste Reisewunsch.

Bei den meist unvorstellbaren Straßenverhältnissen – die Bepflasterung begann sich in Deutschland erst allmählich gegen die Jahrhundertwende durchzusetzen – halfen weder fromme Sprüche noch Flüche; auf tausend Schritte rechnete man tausend Stöße. Mit einem ›Reiserouleau‹, einer um den Kopf gebundenen gepolsterten Lederwulst, versuchte man einen behelfsmäßigen Schlagschutz zu erreichen.[12] Schuld an diesen Zuständen hatte der primitive Straßenbau: Nach Abmessung der Breite wurden Gräben abgesteckt und ausgehoben, die Erde kurzerhand in die bezeichnete Bahn geworfen und, je nach Verfügbarkeit, Steine, Kies oder Sand darübergeschaufelt. Erst die späteren ›Chausseen‹ waren gepflastert, hatten Brücken und glichen Höhen und Tiefen halbwegs aus.[13]

Die Kutsche war das gebräuchlichste Transportmittel des 18. und 19. Jahrhunderts. Die Urform dieses Gefährts war um 1450 bei einem ungarischen Wagner im Dörfchen Kocs bei Györ entstanden. Er verbesserte das Fahrgestell entscheidend, indem er die Vorderachse mittels eines dicken Eisenzapfens, des Spann-Nagels, am Langbaum, der starren Längsachse zwischen Hinter- und Vorderachse, befestigte und die Deichsel vertikal beweglich anbrachte. Damit war das Fahrzeug besser steuerbar, beweglicher und eleganter geworden. Der Oberwagen wurde mit Gurten, Ketten oder Riemen an federnde Holzstützen gehängt und erhielt weit herunterreichende Stufen sowie Türen und ein Dach. Neu war auch der außerhalb des Wagens befindliche Platz für den Gespannführer.

Diese ›Kocsi‹ wurden bald in ganz Europa nachgebaut und erfuhren im Laufe der Jahre zahlreiche Modifikationen und technische Weiterentwicklungen. Die ›Equipagen‹ verfügten an den weit zurückgezogenen Hinterachsen über zusätzliche Dienerplätze, die sogenannte ›Berline‹ erregte großes Aufsehen wegen ihrer Beweglichkeit, da die Vorderachse ganz durchgelenkt werden konnte. Der viersitzige ›Landauer‹ war vor allem praktikabel gebaut, der ›Fiaker‹ entsprach den Anforderungen des Stadtverkehrs, die ›Batarde‹ war gut gefedert und deshalb besonders für Damen geeignet. Im 19. Jahrhundert kamen Kalesche und Droschke dazu, dann der von Hofrat Kremser vermietete Ausflugswagen. In den Städten verkehrten später große Kutschwagen, die sogenannten ›Omnibusse‹, und bald die doppelstökkigen ›Imperiales‹.[14] Doch die Tage dieser ›romantischen‹ Fahrzeuge waren gezählt: Mitte des 19. Jahrhunderts traten die Eisenbahnen, wenige Jahrzehnte später die Fahrzeuge mit Verbrennungsmotoren ihren Siegeszug an.

Neben den Fahrzeugen und den Straßen bestimmten Wind und Wetter über das Wohl und Wehe des Reisenden, weswegen Wetterbeobachtungen und -voraussagen großes Gewicht eingeräumt wurde. Die meist großen Unzulänglichkeiten im Gasthauswesen – Unreinlichkeiten, Übervorteilungen, mindere Qualität und Quantität der Speisen –, führten zur Selbsthilfe der Reisenden, wodurch sich aber das mitzunehmende Gepäck vervielfachte. Angesichts der mannigfaltigen Gefahren, denen sich ein Reisender im 18. und 19. Jahrhundert ausgesetzt sah, war es üblich und angebracht, vor Antritt einer Reise sein Testament aufzusetzen.

Zusätzliche Erschwernisse brachten die unterschiedlichen Zahlungsmittel bereits in den deutschen Ländern. Ständiges Wechseln der Münzsorten mit entsprechendem Umrechnen war dadurch vonnöten. Größere Mengen an Silber- oder Goldmünzen führte man in der Regel nicht mit sich, sondern nutzte Bankzettel und postalische Überweisungen. Kleinere Beträge in Edelmetall waren meist gut im Fahrzeug oder in der Kleidung versteckt.

Die Reisen in Goethes Leben

Goethe ist in seinem langen Leben oft gereist, meist gern, immer mit festen Zielen, niemals untätig, stets Gewinn erhoffend und Gewinn einbringend. Die im Tagebuch am 13. Januar 1779 niedergeschriebene Sentenz »Elender ist nichts als der behagliche Mensch ohne Arbeit . . .« (WA III 1, 77) kann für Goethes Einstellung zum Reisen in vollem Umfang gelten. Untätigkeit und Wohlbehagen hat dieser Reisende nicht gesucht, sehr wohl aber immer und überall Erkenntniszuwachs auf allen Gebieten des Wissens. Der bereits Siebzigjährige, gereift auch und gerade durch zahlreiche Reisen, wußte den damit erlangten Persönlichkeitsgewinn genau zu benennen: »Das Bekannte wird neu durch unerwartete Bezüge und erregt, mit neuen Gegenständen verknüpft, Aufmerksamkeit, Nachdenken und Urteil.« (WA II 6, 119) Bereits im Jahre 1797 hatte er in einem Brief an Schiller die treffliche Selbstcharakteristik niedergeschrieben: »Für Naturen wie die meine, die sich gerne festsetzen und die Dinge festhalten, ist eine Reise unschätzbar, sie belebt, berichtigt, belehrt und bildet.« (WA IV 12, 329 f.)

Auf etwa 40 großen Reisen[15] bewältigte Goethe die für damalige Verhältnisse imponierende Wegstrecke von etwa 31 000 km; rechnet man die mehr als 140 kleineren Reisen in den Jahren von 1765 bis 1831 dazu, so ergeben sich etwa 40 000 Reisekilometer – eine Äquatorumrundung.

Goethe war auf Genie-, Bildungs-, Entdeckungs- und Forschungsreisen, war dienstlich oder zum Kuraufenthalt unterwegs – genaue Abgrenzungen sind bei dem Naturell dieses Reisenden weder möglich noch nötig. Er weilte dreimal in der Schweiz, zweimal in Italien, sechzehnmal in Böhmen, dazu in Bädern wie Pyrmont, Wiesbaden, Tennstedt und berührte – unter teilweise dramatischen Umständen – erst polnischen, schließlich französischen Boden. In Thüringen waren Jena, Ilmenau, Erfurt, Gotha, Eisenach und Rudolstadt häufige Zielorte. Er reiste zu Fuß, mit Pferd oder Maulesel, benutzte Sänften, Kutschen und Schiffe. Er reiste allein wie während der Fahrt von Karlsbad nach Rom 1786, oder er reiste in Begleitung von Diener, Kutscher oder Schreiber, so während der zweiten Italienfahrt mit Paul Götze und während der dritten Schweizreise 1797 mit Schreiber Ludwig Geist. Im bejahrten Alter reiste er zuweilen auch mit wissenschaftlichen Begleitern, so u. a. mit Johann Heinrich Meyer, mit Johann Peter Eckermann oder mit Friedrich Wilhelm Riemer. Goethe besaß seit 1792 als Geschenk

Karl August eine Halbchaise, seit 1799 eine Equipage. Für dieses Fahrzeug erhielt er vom Herzog jährliche Beihilfen, weil damit bei Dienstreisen der Marstall entlastet wurde. Mit Kosten für Kutscher und 2 Pferde mußten dafür jährlich 300 Taler bezahlt werden.[16] 1810 kaufte Goethe in Karlsbad von den Riemer- und Schmiedemeistern Franz Danzer und Andreas Schneller »eine Reise-Batarde samt Koffer, Magazin, Vache, eisernem Hemmschuh und sonstigen Zubehör für zwölfhundert Gulden in Banknoten«[17].

Erstaunliche physische Leistungen sind unter den Reisen zu finden: Während der zweiten Schweizreise 1779 wurde in 30 Reisetagen ein Ritt von 1500 km absolviert, während der Fichtelgebirgsreise 1785 waren 30-Kilometer-Fußmärsche nichts Ungewöhnliches, und, ein letztes Beispiel, am 10. Dezember 1777 wurde – ein unerhörtes Wagnis seinerzeit – eine Brockenbesteigung versucht und bewältigt.

Mittel- und Südeuropa waren der bereiste Raum: Im Jahre 1778, anläßlich seiner Berlinreise, erreichte Goethe den nördlichsten Reiseort in seinem Leben, das Dörfchen Tegel. Neun Jahre später, im Juli 1787, stand er in Agrigento/Sizilien auf der südlichsten Position. 1790 gelangte er während der schlesischen Reise am weitesten nach Osten, bis Wieliczka in Polen, und wieder zwei Jahre später, 1792, hatte er, in welthistorisch bedeutsamer Stunde, im Dörfchen Somme-Tourbe nordöstlich von Châlons-sur-Marne sein Wirkungsfeld im Westen abgegrenzt. Die großen Reisen lagen zwischen der ersten und der dritten Schweizreise, zwischen 1775 und 1797. Danach wurden sie abgelöst durch Bade- und Informationsreisen, die der Vierundsiebzigjährige von 1823 an gleichfalls einstellte. Dennoch ist er auf ›Spazierfahrten‹ noch bis Jena, Dornburg und Ilmenau gereist. Überschlagsrechnungen besagen: Johann Wolfgang Goethe war fast 14 Jahre seines Lebens auf Reisen.[18]

Goethes Wirkungskreise in Deutschland konzentrierten sich auf Süd- und Mitteldeutschland. Der gebürtige Frankfurter reiste schon als junger Student nach Leipzig, dann schließlich, mit 26 Jahren, nach Thüringen, in das Herzogtum Sachsen-Weimar-Eisenach. Hier, in seiner Wahl- und Schicksalsheimat Thüringen, wo schon der Ahnherr Lucas Cranach gelebt hatte, schloß sich in sechsundfünfzigjähriger angespannter Tätigkeit Goethes Lebenskreis. Wie gravierend und prägend dieser lange Aufenthalt, diese unzähligen Berührungen mit bedeutenden und nachhaltigen Einfluß nehmenden Persönlichkeiten und mit dieser Kulturlandschaft gewesen ist, vermochte der Dichter selbst nicht darzustellen. Die Reisen in den Stammgebieten der Vorfahren – in Franken, Hessen und Thüringen – haben seine künstlerische Entwicklung, aber auch seinen naturwissenschaftlichen Werdegang außerordentlich stark bestimmt. Der Thüringer Wald und der Harz seien in diesem allumfassenden Lebenszusammenhang besonders erwähnt. So hat z. B. der Thüringer Wald, besonders die Umgebung Ilmenaus, den Politiker und Naturforscher, den Poeten und Bergbaufachmann Goethe außerordentlich gefördert. Kleinodien der deutschen Literatur sind hier entstanden, und zugleich wurde der sozial anspruchsvolle Versuch gestartet, einen verfallenen Bergbau wieder in Gang zu setzen, um zahlreichen Menschen Brot und Arbeit zu geben – vergeblich übrigens. Nach Ilmenau führte bezeichnenderweise auch die letzte Reise, die der hochbejahrte Goethe 1831 unternahm.

Die Schweiz und Italien sind jene von Goethe bereisten Länder, an die sich entscheidende Bildungserlebnisse knüpften, ohne die das nachfolgende Gesamtwerk wie auch die persönliche Entwicklung des Menschen Goethe nicht erklärt werden können. Ermöglichte ihm die erste italienische Reise ab 1786 vor allem das prägende Kunsterlebnis, so war er elf Jahre vorher erstmals einer lebendigen Naturgegenwart beglückend gewahr geworden; Landschafts- und Mencheneindrücke verbanden sich bei dem sechsundzwanzigjährigen Dichter mit einem überschwenglichen Lebensgefühl, das der Sturm-und-Drang-Zeit so recht angemessen war und in die jubelnden Worte mündete: »Mir ist's wohl, daß ich ein Land kenne, wie die Schweiz ist, nun geh mir's wie's wolle, hab ich doch immer da einen Zufluchtsort.« (WA IV 2, 269)

Die Schweiz und ihre Menschen haben Goethe dann in der Tat bis an das Lebensende hin begleitet: Zwar hat er das Alpenland bereits 1797 zum letztenmal besucht, so daß er sich in späteren Jahren die Erinnerung an die Bergwelt über die eigenen Zeichnungen oder über seine zahlreichen Grafiken, Kupferstiche, Gemälde usw. vor das Auge holen mußte. Wichtiger aber waren menschliche Bindungen, und es ist gewiß kein Zufall, daß zwei Schweizer zu den engsten Freunden und Vertrauten des Hochbetagten gehörten: Frédéric Soret, der ihm naturwissenschaftlicher Helfer wurde, und vor allem Johann Heinrich Meyer, die unentbehrliche Stütze in Kunstfragen, der dem Dichter bis zuletzt in wirklicher Freundschaft zur Seite stand. Durch sie beide blieb Goethe der Schweiz, dem ›Zufluchtsort‹ von einst, nah und verbunden. Die drei Schweizreisen sind festumrissene, in sich abgeschlossene Ereignisse in Goethes Leben, die in drei unterschiedlichen Lebensabschnitten liegen und insofern auch die Wandlung des Menschen – fortschreitendes Alter, verändertes Lebenstempo, andere Sichtweisen und gewachsene Weltkenntnis – belegen. Vom Gefühlsfragment 1775 über das naturbeseligte Kunstwerk von 1779 bis zu allumfassender wissenschaftlicher Beobachtung und Klarheit 1797, so umschrieb Hans Wahl den Zusammenhang und Wandel der Goetheschen Schweizreisen.[19]

Jede der drei Schweizreisen war auf eine bestimmte Art und Weise mit dem Schicksal einer Frau verknüpft. War es 1775 die ›holde Lili‹ Schönemann, deren Zauberkraft sich der Jüngling verzweifelt zu entziehen versuchte, so beherrschte vier Jahre später Charlotte von Stein widersprüchlich genug die Gefühlswelt des erwachsenen Mannes. 1797 lebte der reife Goethe bereits mehrere Jahre in ›heimlicher Ehe‹ mit Christiane Vulpius zusammen, war sie die Adressatin seiner liebevollen, einfachen Briefe. Und doch ist auch diese tiefe und innige Beziehung nicht frei von innerer Lebenstragik gewesen, wurde dem Dichter doch angesichts eines von Efeu umstrickten Baumes, den er nahe bei Schaffhausen erblickte, nur allzu klar, daß sein schöpferisches Lebenswerk mit dem »kleinen Naturwesen«, dieser »lieben Last«, nur noch schwerer würde zu leisten sein. Die zarte Elegie ›Amyntas‹ erwuchs aus diesem tiefen Gefühl, »willig gezwungen« zu sein. Auch hier – welch weiter Weg und Wandel vom unbändigen Kampf des Jünglings um seine Liebe zu Lili und der verantwortungsbewußten Resignation des fast Fünfzigjährigen.

Als Goethe 1786 zum erstenmal nach Italien aufbrach, stand ihm eine Reise bevor, die ihn 653 Tage von Weimar fernhielt und bei der er rund 5000 km zurücklegte.[20] Goethe trat dieses umfangreiche Programm bereits als ein erfahrener ›Reisekünstler‹ an, hatte er doch bis zum Jahre 1786 auf 13 größeren Reisen eine Strecke von etwa 8600 km bewältigt. Dennoch unterschied sich die erste italienische Reise von den meisten der vorausgegangenen Fahrten: Weder suchte der Reisende physisch-psychische Annehmlichkeiten, noch wollte er vordergründig seine landeskundlichen Detailkenntnisse erweitern, noch ging es ihm um den Nachvollzug vorgegebener ästhetischer Erlebnismodelle. Das Hauptziel dieser Reise war die geistige Wiedergeburt, die Erneuerung seiner künstlerischen Persönlichkeit.

Um diesen geistigen Prozeß bewirken zu können, bedurfte es sorgfältiger Planung und disziplinierter Durchführung der Reise. Zu den notwendigen Rahmenbedingungen gehörten das abrupte Verlassen des Weimarer Hofzirkels, der sich in Karlsbad etabliert hatte, der Verzicht auf Reisebegleitung, das Inkognito, die Benutzung öffentlicher Verkehrsmittel, die bewußte Integration in italienische Lebensformen und der strenge Reiserhythmus von Fahren – Sammeln – Verarbeiten – Ausruhen. Alles zog Goethe nach Rom, aber überhastet zu reisen lag ihm dennoch fern: in 16 Tagen war damals die Strecke von Karlsbad nach Rom zu bewältigen – Goethe brauchte 57 Tage.[21]

Anders lagen die Begleitumstände bei Goethes zweiter Italienreise 1790. Es wurde seine zweitlängste Reise, und sie war dienstlich. Er reiste der Herzoginmutter Anna Amalia bis Venedig entgegen, um sie auf der Heimreise zu begleiten. Die in Weimar unter dem Schutze Herders zurückgelassene »kleine unheilige Familie« zog ihn aber mit Gewalt zurück, so daß er südlicher Landschaft und Atmosphäre relativ unbeteiligt gegenüberstand. Völlig anders auch als 1786/88 reiste er diesmal offiziell, als Politiker und Staatsbeamter, mit Kutsche, Begleitern und entsprechendem Aufwand.

Nach einem kurzen Zwischenaufenthalt in Schlesien, wohin Goethe auf Wunsch von Herzog Karl August ins Feldlager gekommen war, brach die Zeit der von weltgeschichtlichen Prozessen und Ereignissen gekennzeichneten Reisen an. Goethe nahm am Feldzug der Koalitionsarmeen gegen das revolutionäre Frankreich teil und erlebte als Augenzeuge die Kanonade von Valmy. Am Abend dieses denkwürdigen Tages will er seine vielzitierten, ahnungsvollen Worte gesprochen haben: »Von hier und heute geht eine neue Epoche der Weltgeschichte aus, und ihr könnt sagen, ihr seid dabei gewesen.« (WA I 33, 75) Im Jahr darauf war Goethe bei der Belagerung von Mainz anwesend und erlebte die militärische Niederlage der Franzosen und der ersten Republik auf deutschem Boden.

Insgesamt sechzehnmal weilte Goethe in Böhmen, um mit Bade- oder Trinkkuren seine Gesundheit zu konsolidieren. Erstmals 1785 nach Karlsbad gekommen, empfand er die böhmischen Bäder bald als so vertraute Stätten, daß die letzte Fahrt erst im Jahre 1823 erfolgte. Mit Eger, Karlsbad und Marienbad verbanden sich jedoch nicht nur Kuren und anregende Geselligkeit, sie boten ihm auch Gelegenheit, »die Gebirge durchzuklopfen« und seine Gesteinssammlung zu erweitern. In Marienbad schließlich erlebte der vierundsiebzigjährige Goethe eine letzte tiefe Liebe, als er sich heftig zu der neunzehnjährigen Ulrike von Levetzow hingezogen fühlte. Mit der ›Marienbader Elegie‹ entstand ein bewegendes poetisches Zeugnis der in resignativer Bescheidung endenden Hoffnungen des Dichters.

Mehrere dieser Reisen lieferten das Material für geradezu klassisch gewordene Reisebeschreibungen, so die zweite Schweizreise 1779, die Italienreise 1786/88 oder die Kampagne in Frankreich 1792, die gleichzeitig wichtige biografische Ergänzungen zur Selbstdarstellung in ›Dichtung und Wahrheit‹ wurden. Es bedarf keiner umfänglichen Beweisführung, daß viele der poetischen wie auch der naturwissenschaftlichen Werke, daß die umfangreichen natur- und kunstgeschichtlichen Sammlungen, die Goethe im Verlauf von sechs Jahrzehnten zusammentrug, ohne seine Reisen nicht angeregt worden oder zusammengekommen wären.

Auf Reisen erwarb er die notwendigen praktischen Erfahrungen für die Bereiche, in denen er als Minister und Berater im Herzogtum Sachsen-Weimar-Eisenach tätig war, im Straßen- und Bauwesen, im Bergbau, in Wissenschaft und Kultur.

Ohne seine Badereisen und Kuren[22] wäre der Dichter möglicherweise nicht in der Lage gewesen, sein gewaltiges Lebenswerk mit dem Abschluß der ›Faust‹-Dichtung zu krönen. Die Reisen waren nicht nur Bildungsferment für den Dichter und Wissenschaftler Goethe, sie waren auch sein Lebenselixier; ohne Reisen sind dieser Mensch und dieses Werk nicht denkbar.

1. Wasserfall der Reuß im Drachental
Bleistift, Feder, Tusche, Tuschlavierung; 1775
Inv. Nr. 93

Die Geniefahrt von 1775

»Mir ist's wohl, daß ich ein Land kenne, wie die Schweiz ist ...«

Noch in der Mitte des 18. Jahrhunderts galt Helvetien als Terra incognita, wurde der Schweizer einer Art Urmensch gleichgesetzt. Wohl lag die Schweiz im Herzen Europas, aber die außerordentliche Schwierigkeit und Gefährlichkeit des Reisens dorthin, die Unzugänglichkeit der Bergwelt hatten eine Erschließung des Alpenlandes bis dahin ebenso gehemmt wie die damalige Auffassung, daß aus den Alpen keinerlei Schätze zu holen seien. Erst mit der allmählichen Herausbildung von Gewerbe und Industrie, stark gefördert durch den Zuzug religiös Verfolgter im 17. und 18. Jahrhundert, begannen die Schweizer Kantone und Städte in kommerzieller Hinsicht interessanter zu werden. Vor allen anderen Gründen ist jedoch die Naturschwärmerei zu nennen, die das kaum berührte Land in das Blickfeld des europäischen Bildungsbürgertums rückte. Jean-Jacques Rousseau und Albrecht von Haller, Salomon Geßner und Johann Kaspar Lavater hatten an diesem Bilde gewirkt, und spätestens seit den sechziger und siebziger Jahren des 18. Jahrhunderts avancierte die Schweiz neben den klassischen Reiseländern zu einem begehrten Reiseziel. Nicht zuletzt war es der Mythos vom ›freien Land‹, der in den Köpfen der gegen die Ständegesellschaft aufbegehrenden bür-

gerlichen Jugend spukte und zu den Stätten der Tellsage lockte.

Der zur Leipziger Herbstmesse 1774 erschienene Briefroman ›Die Leiden des jungen Werthers‹ hatte den Frankfurter Juristen Johann Wolfgang Goethe mit einem Schlage in ganz Deutschland bekannt gemacht. Zwischen künstlerischer Selbstverwirklichung und bürgerlicher Existenz hin- und herschwankend, führte Goethe zu dieser Zeit ein Leben, das von Unrast, von einem steten Wechsel von Orten und Menschen bestimmt war. Dichtungen wie das Trauerspiel ›Clavigo‹, das Singspiel ›Erwin und Elmire‹ oder das revolutionäre Gedicht ›Prometheus‹ entstanden, neue Bekannte und Freunde wie Friedrich Maximilian Klinger, Johann Kaspar Lavater, Johann Bernhard Basedow, Johann Heinrich Jung, Friedrich Heinrich Jacobi oder Klopstock umgaben den jungen Dichter und beeinflußten sein Denken und Handeln. In Frankfurt und Umgebung sowie im Lahn-Rhein-Gebiet lagen die häufig wechselnden Aufenthaltsorte. In dieser Periode auch nach außen hin sichtbarer schöpferischer Unruhe verlobte sich Goethe zu Ostern 1775 mit Anna Elisabeth (Lili) Schönemann, der Tochter eines Frankfurter Bankiers, zu der sich der Sechsundzwanzigjährige seit Januar unwiderstehlich hingezogen fühlte. Doch schon bald begannen sich bei ihm soziale und andere Bedenken zu verdichten, drang die jahrzehntelang anhaltende ›Ehescheu‹ durch, die allein die künstlerische Unabhängigkeit zu garantieren schien: Mit Begriffen wie »Krise«, »Unzulänglichkeit der Mittel«, »Trugschluß« und »völlige Inkongruenz« charakterisierte Goethe später in ›Dichtung und Wahrheit‹ einen peinvollen Zustand, der zunehmend »keine Honigmonde« versprechen und »hüben und drüben nicht vollkommen passen« wollte (WA I 29, 63). In dieser verworrenen Situation kam der Entschluß, mit drei gleichaltrigen und unternehmungslustigen Gesinnungsgenossen eine zeitgemäße Schweizreise anzutreten, einer vorläufigen Erlösung gleich, zumindest aber einer erwünschten Denkpause zur möglichen Klärung der beruflich-künstlerischen wie auch persönlich-privaten Probleme. Am 14. Mai 1775 brach man von Frankfurt aus auf; die Reisenden fühlten sich ganz vom Geniegeiste durchdrungen, den Goethe später in ›Dichtung und Wahrheit‹ als wunderliches Gemisch von Freundschaft, Liebe, jugendlicher Lebhaftigkeit und talentvollem, aber ungebildetem Wesen beschrieb.[23]

Hier, in der alten Reichs- und Handelsstadt, war Goethe etwa am 8. Mai 1775 mit den nach der Schweiz unterwegs befindlichen Grafen Christian und Friedrich Leopold zu Stolberg und dem Grafen Kurt von Haugwitz zusammengekommen. Zwar wohnten diese im Gasthaus, speisten aber meist im Goetheschen Hause am Hirschgraben. Es war ein jugendlich-unbekümmertes Getriebe, das in diesem Kreise junger Schwärmer herrschte; bereits nach wenigen Zusammenkünften geschah es, daß »schon nach ein und der andern genossenen Flasche Wein der poetische Tyrannenhaß zum Vorschein kam und man nach dem Blute solcher Wütriche lechzend sich erwies« (WA I 29, 90). Der Reiseentschluß war angesichts solch jugendlich-ungestümen Stimmungshochs schnell gefaßt. In ›Dichtung und Wahrheit‹ schrieb Goethe später: »In einer Stadt wie Frankfurt befindet man sich in einer wunderlichen Lage; immer sich kreuzende Fremde deuten nach allen Weltgegenden hin und erwecken Reiselust. Früher war ich schon bei manchem Anlaß mobil geworden, und gerade jetzt im Augenblicke, wo es darauf ankam, einen Versuch zu machen, ob ich Lili entbehren könne, wo eine gewisse peinliche Unruhe mich zu allen bestimmten Geschäften untauglich machte, war mir die Aufforderung der Stolberge, sie nach der Schweiz zu begleiten, willkommen. Begünstigt durch das Zureden meines Vaters, welcher eine Reise in jener Richtung sehr gerne sah und mir empfahl, einen Übergang nach Italien, wie es sich fügen und schicken wollte, nicht zu versäumen, entschloß ich mich daher schnell, und es war bald gepackt. Mit einiger Andeutung, aber ohne Abschied, trennt' ich mich von Lili . . .« (WA I 29, 91 f.).

Die Reiseroute führte über Darmstadt, Mannheim, Heidelberg, Karlsruhe, Straßburg – unterbrochen von einem Abstecher Goethes nach Emmendingen zur dort verheirateten Schwester Cornelia –, über Freiburg, Schaffhausen, Konstanz, Winterthur nach Zürich; die Strecke wurde reitend zurückgelegt. Alle vier Reisenden hatten die Werthertracht angelegt: blauer Frack und gelbe Weste.

Die aufgeregte Gefühlsverfassung der letzten Frankfurter Wochen, da Goethe nach eigenen Worten »wie immer in Strudelei und Unmäßigkeit des Vergnügens und Schmerzens« (WA IV 2, 261) lebte, setzte sich zu Beginn der Reise fort, ja wurde wohl durch das ungebundene Gebaren der ›Naturkinder‹ noch zusätzlich verstärkt. Bereits in Darmstadt erregten sie Aufsehen, da die »heiß genaturten und sich immer mehr erhitzenden Freunde« (WA I 29, 94) in einem Weiher nahe der Stadt nackt badeten, ein Vorgang, der – mit den Augen der Zeit betrachtet – tatsächlich als ›Verrücktheit‹ gelten mußte. In der Schweiz gar wurden Goethe und seine Begleiter bei solcher Gelegenheit fast gesteinigt.[24] Nicht in der Konvention bleiben, genialisch das Natürliche tun, was zu tun beliebt, dies hatten die Reisenden auf ihre Fahnen geschrieben, und zu Recht sprach Goethe in seinen Briefen von sich als »vom durchgebrochnen Bären, von der entlaufenen Katze« (WA IV 2, 265).

Auch an den Scherzen und Mutwilligkeiten ist die wohltuende innere Wirkung dieser Reise sehr bald spürbar. Nach der muffigen Enge der reichsstädtischen Verhältnisse, der einzuhaltenden Formen und Konventionen patrizischer Ehrsamkeit kam die Reise auch in dieser Hinsicht einer Befreiung gleich. Der Beginn eines Briefes: »In freier Luft!«, läßt das Aufatmen hören. An anderer Stelle heißt es: »Ich bin sehr in der Luft. Schlafen, Essen, Trinken, Baden, Reiten, Fahren war so ein paar Tage her der selige Inhalt meines Lebens.« (WA IV 2, 266) Und im Tagebuch wird jubiliert: »Sauwohl und Projekte«, »Ominose Überfüllung des Glases. Projekte, Pläne und Aussichten« (WA III 1, 6 und 9).

Daß die Naturells der vier jungen Männer trotz aller äußeren Gemeinsamkeiten sehr stark voneinander abwichen, hatte Goethe bereits in Darmstadt vom Freund Johann Heinrich Merck zu hören bekommen. ». . . Deine unablenkbare Richtung ist« – so prophetisch der Darmstädter Vertraute –, »dem Wirklichen eine poetische Gestalt zu geben, die andern suchen das sogenannte Poetische, das Imaginative zu verwirklichen, und das gibt nichts wie dummes Zeug.« (WA I 29, 93) Verstimmungen deuteten sich schon in Mannheim an, wo ein ›anständiger Gasthof‹ bezogen worden war: ». . . beim Dessert des ersten Mittagsessens, wo der Wein nicht war geschont worden, forderte uns Leopold auf, seiner Schönen Gesundheit zu trinken, welches denn unter ziemlichem Getöse geschah.« Die geleerten Stengelgläser wurden anschließend gegen die Wand geworfen, wobei Goethe doch das Gefühl ankam, »als wenn mich Merck am Kragen zupfte« (WA I 29, 95).

Mitte Mai war die Reisegesellschaft in Karlsruhe, wo nicht nur Klopstock besucht wurde, sondern am markgräflichen Hofe auch das erste, für Goethe so bedeutsame Zusammentreffen mit dem noch jungen Herzog von Sachsen-Weimar erfolgte. Karl August und seine Braut, Prinzessin Luise von Hessen-Darmstadt, luden Goethe bei dieser Gelegenheit nach Weimar ein. Den höfischen Normen und Formeln hatte sich der Dichter durchaus anzupassen gewußt, so daß er sich »für einen Neuling ganz leidlich mag betragen haben« (WA I 29, 96).

Von Karlsruhe aus ritt Goethe zur Schwester Cornelia nach Emmendingen, die als Frau des dortigen Oberamtmanns Johann Georg Schlosser kein sehr ausgefülltes Leben führte und ihrem Bruder von einer Verbindung mit Lili dringend abriet. Es war das letzte Zusammentreffen der Geschwister. Vorbei am Rheinfall von Schaffhausen, der Anfang Juni besichtigt wurde, gelangten die Reisenden am 9. Juni nach Zürich, wo Goethe bei Lavater wohnte und sich, schon durch diese räumliche Trennung bedingt, von seinen Gefährten zu entfremden begann, obwohl noch gemeinsame Landpartien unternommen wurden. Ein ganz anderer Eindruck aber dominierte schon: Dem mächtigen Landschaftserlebnis der Alpen nämlich stand Goethe fast ohnmächtig gegenüber; »allmächtig schröcklich« (WA III 1, 6) stammelt das Tagebuch, und wie betäubt kritzelte der Zeichner nieder, was er selbst »mit ergänzenden Wort- und Satzfetzen auf den Skizzen noch nicht bewältigen konnte«[25].

Neue Bekanntschaften, wie die des Dichters Johann Jakob Bodmer, des Zeichners und Radierers Johann Heinrich Lips oder der Witwe Barbara Schultheß, wurden geschlossen, Frankfurter Freunde wie der Komponist Philipp Christoph Kayser und Jakob Ludwig Passavant, jetzt Amtsgehilfe Lavaters, konnten begrüßt werden. Passavant war es auch, der Goethe den Vorschlag tat, von Zürich aus verschiedene Kantone zu besuchen.

Mitte Juni 1775 begann mit der Überquerung des Züricher Sees der zweite Teil der Reise, die Goethe nunmehr mit Passavant allein durchführte, in Erinnerung an Merck wohl anerkennend, daß er den »Hauptzweck« seiner Reise verfehlen könnte, wenn er »das Lämpgen auslöschen« würde, »das einem so artig auf dem Weg des Lebens vorleuchtet und dämmert« (WA IV 2, 266).

Schon seit Schaffhausen, wo Goethe den Anblick des Rheinfalles, des ›mächtigen Stromsturzes‹, auf sich hatte wirken lassen, wurde eine merkliche Distanz zur zurückgelaßnen Geliebten, eine beginnende Loslösung von Lili spürbar. Hier nun, beim Aufbruch aus Zürich, war ein fast harmonischer Gleichklang des Reisenden mit der Umgebung hergestellt, eine Kongruenz, die der Dichter in ruhige Verse von Glück und Frohsinn einmünden ließ:

Und frische Nahrung, neues Blut
Saug' ich aus freier Welt;
Wie ist Natur so hold und gut,
Die mich am Busen hält!
Die Welle wieget unsern Kahn
Im Rudertakt hinauf,
Und Berge, wolkig himmelan,
Begegnen unserm Lauf.
Aug', mein Aug', was sinkst du nieder?
Goldne Träume, kommt ihr wieder?
Weg, du Traum, so Gold du bist!
Hier auch Lieb' und Leben ist. (WA I 29, 111)

Von Richterswil aus begann die Fußwanderung in die Berge. Auf »rauhem Wege« und »schlängelndem Pfad« kamen die beiden Wanderer nach Maria Einsiedeln, wo sie das Kloster und seine Besitztümer besichtigten, besonders auch das Kunst-, Kuriositäten- und Naturalienkabinett bestaunten. Tags darauf, am 16. Juni, ging es in Einsamkeit und Öde auf beschwerlichen, wilden und steinigen Wegen weiter in Richtung Schwyz. Noch kurz vor dem Ziel war eine unwegsame Strecke zu bewältigen. »Nach kurzer Rast, frisch und mit mutwilliger Behendigkeit, sprangen wir den von Klippe zu Klippe, von Platte zu Platte in die Tiefe sich stürzenden Fußpfad hinab und gelangten um zehn Uhr nach Schwyz. Wir waren zugleich müde und munter geworden, hinfällig und aufgeregt; wir löschten gähling unsern heftigen Durst und fühlten uns noch mehr begeistert. Man denke sich den jungen Mann, der etwa vor zwei Jahren den ›Werther‹ schrieb, einen jüngern Freund, der sich schon an dem Manuskript jenes wunderbaren Werks entzündet hatte, beide ohne Wissen und Wollen gewissermaßen in einen Naturzustand versetzt, lebhaft gedenkend vorübergegangener Leidenschaften, nachhängend den gegenwärtigen, folgelose Plane bildend; im Gefühl behaglicher Kraft das Reich der Phantasie durchschwelgend; dann nähert man sich der Vorstellung jenes Zustandes, den ich nicht zu schildern wüßte, stünde nicht im Tagebuche: ›Lachen und Jauchzen dauerte bis um Mitternacht.‹« (WA I 29, 117)

Am nächsten Tage brachen Goethe und Passavant zum Rigi auf, überquerten auf ihrem Wege den Lowerzer See, und gelangten abends an den Gasthof ›Zum Ochsen‹. Von einem Tagesausflug in die Umgebung erholten sich beide am 18. Juni abends am gleichen Ort bei »gebackenen Fischen und Eiern und genugsamem Wein«, um im Laufe des darauffolgenden Tages wie an einem »poetischen

2. *Gaststube im ›Ochsen‹ auf dem Rigi*
Bleistift; 1775
Inv. Nr. 81

Faden« die zerklüfteten Schauplätze der Tell-Sage zu erwandern. Am 20. Juni zogen sie über Amsteg, »wo man uns gebackene Fische gar schmackhaft bereitete«, nach Wasen, »wo wir uns mit dem roten, schweren, sauren lombardischen Wein zu erquikken, erst mit Wasser nachhelfen und mit vielem Zukker das Ingredienz ersetzen mußten, was die Natur in der Traube auszukochen versagt hatte« (WA I 29, 118 und 120 f.). Die Verpflegung der Reisenden war in der Schweiz stets hochgerühmt. Bereits 1740 wußte sie ein Reisender wie folgt zu loben: »In der ganzen Schweiz habe ich gute Wirtshäuser angetroffen. Forellen, Karpen, Rindfleisch, Kalbfleisch, Hühner, Tauben, Butter, Käse, Äpfel, Pfirschen, Rüben, Zuckerbrot etc. und guter Wein waren fast überall zu finden . . .«[26]

Den 21. Juni stiegen beide Reisegefährten zum Urserner Tal auf, wo sie sich den berühmten Käse und einen »leidlichen Wein« schmecken ließen, und am 22. Juni unternahmen sie endlich durch das »steinichte Liviner Tal«, begleitet vom Geräusch der Wasserfälle und dem Klingeln der Saumrösser, umweht von Sturm und Wolken, den Aufstieg zum St. Gotthard. Froh, das gastliche Dach erreicht zu haben, genossen Goethe und Passavant die »warme geräumige Stube« sowie den ersten Imbiß im Hospiz: Brot, Käse und Wein. Über dem Abendessen

und den Gesprächen mit dem Pater verging der Abend: »... wir schliefen eine ruhige Nacht in etwas kurzen, an der Wand befestigten, eher an Repositorien als Bettstellen erinnernden Schlafstätten.« (WA I 29, 128)

Am 23. Juni frühmorgens, da Goethe zeichnend am Fußpfad saß, der nach Italien führte, kam es zu jenem vergeblichen Versuch Passavants, Goethe zur Weiterreise nach Italien zu überreden. Noch zu fest hing dieser an dem alten Lebenskreis, als daß er hier

3. Scheideblick nach Italien vom Gotthard
Bleistift, Tuschlavierung; 1775
Inv. Nr. 94

schon alle Fäden hätte rigoros durchtrennen können. Erst elf Jahre später sollte ihm endlich ein solcher Schnitt – dann allerdings wohlvorbereitet und genauestens geplant – gelingen.

Der in den nächsten Tagen folgende Abstieg verlief in etwas gedämpfter Stimmung: Passavant trauerte der verlorenen Chance nach, Goethe war damit beschäftigt, »das Ungeheure, das sich in unserem Geiste mit der Zeit zusammenzuziehen pflegt, wenigstens in seinen faßlichen charakteristischen Einzelnheiten festzuhalten« (WA I 29, 131 f.). Ehe sie am 26. Juni wieder in Zürich eintrafen, hatten sie den Vierwaldstätter See, den Zuger See und das Sihltal berührt, wobei Goethe durch häufiges Zeichnen und Skizzieren seine Eindrücke zu fixieren bestrebt war.

Nach der Rückkehr verbrachte Goethe noch fast zwei Wochen in Zürich, wo er die Gastfreundschaft Lavaters in Anspruch nahm und meist in dessen Kreise verkehrte. Hier stand wieder die Arbeit an der ›Physiognomik‹ im Mittelpunkt, und Goethe hatte Gelegenheit, den Schweizer ausführlich zu studieren. Es sollte das Ende der vertrauten Verbundenheit sein; bei späteren Besuchen Zürichs hat Goethe den ›Kranich‹ sorgsam gemieden; ihre Kunst- und Weltauffassungen waren so divergierend, daß beide sich »allmählich ganz und gar fremd« wurden.

Die Stolbergs hatten Zürich schon vor Goethes Ankunft verlassen. Goethe selbst kehrte der Stadt am 6. Juli den Rücken, ritt allein bis Basel und kam, Straßburg, Speyer, Heidelberg und Darmstadt berührend, wo er Merck und Herder traf, am 22. Juli wieder in Frankfurt an.

In mehreren Briefen zog Goethe das Fazit der Reise. Am 1. August 1775 schrieb er an Knebel: »Ich bin wieder hier, habe die liebe heilige Schweiz deutscher Nation durchwallfahrtet und finde mich um ein Guts besser, und ganz zufrieden mit dem Vergangnen, und hoffnungsvoll auf die Zukunft.« (WA IV 2, 272) Hier wie dann im Brief an Anna Luise Karsch vom 17. August 1775 klingt die Bewältigung des Lili-Erlebnisses ebenso durch wie eine dunkle Ahnung seiner künftigen Lebensbahn: »Von meiner Reise in die Schweiz hat die Zirkulation meiner kleinen Individualität viel gewonnen. Vielleicht peitscht mich bald die unsichtbare Geisel der Eumeniden wieder aus meinem Vaterland ...« (WA IV 2, 282) Noch Jahrzehnte später erkannte Goethe dieser Reise von 1775 eine große Bedeutung in seinem Leben zu, da sie ihm »mannichfaltigen Blick in die Welt« (WA I 35, 5) eröffnet habe.

Unterwegs im Herzogtum 1776/77

»Jetzt bin ich dran, das Land nur kennenzulernen ...«

Am 7. November 1775, morgens 5 Uhr, erreichte Goethe mit einem herzoglichen Gefährt Weimar; im Deutschherrenhaus nahe der Stadtkirche nahm er erstes Quartier. Wenige Tage später traf er erstmals mit Charlotte von Stein zusammen, die sehr bald schon einen entscheidenden Einfluß auf den Ankömmling erlangte. Zum Hofkreis, in den sich Goethe sogleich einverleibt fand, gehörten Herzog Karl August, Herzogin Luise, die Herzogin-Mutter Anna Amalia, Prinz Konstantin, der Präsident des Geheimen Conseils Jakob Friedrich von Fritsch, Oberstallmeister Josias von Stein, Kammerpräsident Karl Alexander von Kalb und dessen Sohn, Karl Ludwig von Knebel, Friedrich Hildebrand von Einsiedel, Karl Siegmund von Seckendorf, Friedrich Justin Bertuch, Johann Karl August Musäus u. a.

Das bunte Treiben um den jungen Herzog, das durch Goethes Dazustoßen noch verstärkt wurde, spielte sich nicht nur in Weimar und Umgebung ab, sondern führte in verschiedene Teile des sachsen-weimarischen Landes, verschiedentlich auch darüber hinaus. Bis zum Spätherbst 1777, da Goethe allein in den Harz aufbrach, wurden meist in Gesellschaft verschiedene kleinere Reisen und Ausritte absolviert. Ziel der dienstlichen oder privaten Fahrten waren u. a., neben den bei Weimar gelegenen Lustorten Tiefurt, Ettersburg und Belvedere, die Gegenden von Bürgel, Erfurt, Ilmenau, Rudolstadt, Apolda, Jena, Dornburg, Buttstädt, Gotha, Eisenach,[27] dazu fanden Reisen nach Leipzig und Dessau statt. Bei diesen häufigen Unternehmungen standen nicht allein Feste und Feiern, Jagd und Sauhatz, Mummenschanz und Würfelspiel im Mittelpunkt, sondern zunehmend auch gründliche Studien zu Land und Leuten, so wie sich auch Goethes Überzeugung festigte, in diesem Lande ein lohnendes Wirkungsfeld ernsthafter Tätigkeit und in dessen Fürsten einen hoffnungsvollen jungen Herrscher gefunden zu haben.

Bereits Anfang Dezember 1775 weilte Goethe erstmals auf Schloß Kochberg. Den von Weimar etwa 32 km entfernten Stammsitz der Steins erreichte Goethe meist zu Pferd, aber er hat, der eigenen Aussage zufolge, diese Strecke in vier Stunden auch zu Fuß zurückzulegen vermocht.[28] Charlotte von Stein nahm in diesen ersten Weimarer Jahren mehr und mehr Raum ein in Goethes Leben. Brief auf Briefchen folgte, selbst bei Reisen ließ sich Goethe nicht abhalten, seiner »lieben Frau«, dem »Engel« oder dem »Gold« wenigstens einige Zeilen zu schikken. Auf der Fahrt nach Leipzig im März 1776 schrieb er beispielsweise am 23. kurz vor Mitternacht aus Auerstädt, tags darauf morgens 5 Uhr aus Naumburg, am Vormittag desselben Tages »in der Chaise vorm Rathause« und am gleichen Tage, nach der Ankunft in Leipzig nachts 22 Uhr, nochmals an die zurückgebliebene Geliebte.[29]

Goethe selbst bezeichnete sein Verhältnis zu der verheirateten, um sieben Jahre älteren sensiblen Frau als »heilig sonderbar«, ja gegenüber Wieland konnte er sich »die Macht, die diese Frau über mich hat, anders nicht erklären als durch die Seelenwanderung« (WA IV 3, 51 f.). Diese Liebe, die wie eine »anhaltende Resignation« (WA IV 3, 55) bis zur Italienreise wieder und wieder das Gemüt des Dichters aufwühlte, regte immer auch zur poetischen Entäußerung an. Nach einem gemeinsamen Besuch in der Höhle unterm Hermannstein bei Ilmenau im Sommer 1776 schrieb er Charlotte:

Ach wie bist du mir,
Wie bin ich dir geblieben!
Nein an der Wahrheit
Verzweifl ich nicht mehr.
Ach wenn du da bist,
Fühl ich, ich soll dich nicht lieben.
Ach wenn du fern bist,
Fühl ich, ich lieb dich so sehr. (WA IV 3, 93)

Neben dieser Frau war es vor allem der Freundeskreis, der den berühmten ›Werther‹-Dichter zunehmend an Weimar fesselte. Gemeinsame Reisen im Lande, oft mit dem Herzog, haben diesen Bund gefestigt. Zu Weihnachten 1775 reiste eine solche übermütige Gesellschaft junger Leute in das Forsthaus zu Waldeck bei Bürgel, wo Goethe, wie er an Lavater schrieb, »wilde Gegenden und einfache Menschen aufzusuchen« (WA IV 3, 6) gedachte. Schon auf dem Wege von Weimar über Jena nach Bürgel hatten sie »in den Schenken den gedruckten Karl August gegrüßt«, im Forsthaus angelangt, tafelten Einsiedel, Kalb, Bertuch und Kraus derart übermäßig, daß Einsiedel abends mit Beschwerden zu Bett ging. »Sein Magen liegt schief«, bemerkte Goethe sarkastisch, »Kaffee und Brandwein wolltens nicht bessern.« Der Abend des 24. Dezember »ward mit Würfeln und Karten vervagabundet«, am 26. suchte man die Bauern mit Verkleidungspossen zu schrecken, als »wenn wir Spitzbuben und Vagabunden wären«. »Kraus . . . sah in Bertuchs weißen Tressen-Rocke und einer alten Perrucke des Wildmeisters wie ein verdorbener Landschreiber, Einsiedel in meinem Fracke mit blauem Krägelchen wie ein verspielt Bürschgen und ich in Kalbs blauem Rock mit gelben Knöpfen, rotem Kragen und vertrotteltem Kreuz und Schnurrbart wie ein Kapital-Spitzbube aus«, schrieb Goethe amüsiert an Karl August (WA IV 3, 8 und 11 f.). Über »allerlei Schwänk und Schabernack« wußte Goethe oft zu berichten, aber auch davon, »wie viel gute Jungens und gute Köpfe beisammen« seien, die den Hof sich »vom Leibe« zu halten wüßten (WA IV 3, 29).

An einzelnen Brief- und Tagebuch-Passagen läßt sich sehr deutlich verfolgen, wie sich Goethes Ansicht über einen längeren Aufenthalt in Weimar von einer scherzhaft-ironischen zu einer fest entschlossenen Position wandelte. Schrieb er an Merck Anfang Januar 1776 witzelnd, daß er »auch auf dem Theatro mundi was zu tragieren« und sich »in allen tragikomischen Farcen leidlich« zu betragen wisse (WA IV 3, 15 f.), so klang die Bewertung der eigenen Situation an anderer Stelle schon nüchterner: »Ich bin immerfort in der wünschenswertesten Lage der Welt. Schwebe über all den inn'rsten größten Verhältnissen, habe glücklichen Einfluß und genieße und lerne . . .« (WA IV 3, 14) Er lernte »täglich mehr steuern auf der Woge der Menschheit« (WA IV 3, 12), registrierte beglückt eine immer festere »Seelenverbindung« mit Herzog Karl August, der ihn im Juni 1776 zum Geheimen Legationsrat mit Sitz und Stimme im Geheimen Conseil ernannte. Goethe wußte, worauf er sich einließ: »Lieber Bruder«, schrieb er Mitte Januar 1776 an Herder, »wir haben's von jeher mit den Scheißkerlen verdorben, und die Scheißkerle sitzen überall auf dem Fasse.« (WA IV 3, 17) Doch war die Entscheidung nach reiflicher Überlegung gefallen: »Ich bin nun ganz in alle Hof- und politische Händel verwickelt und werde fast nicht wieder weg können« (WA IV 3, 21), heißt es im Brief vom 22. Januar an Merck, und an Gottfried August Bürger schrieb er am 2. Februar: »Da ich jetzt in einer Lage bin, da ich mich immer von Tag zu Tag aufzubieten habe, tausend Großem und Kleinem, Liebe und Haß, Hundsfütterei und Kraft, meinen Kopf und Brust entgegensetzen muß, so ist mir's wohl.« (WA IV 3, 27) Und an Lavater schrieb der künftige Minister des Herzogs am 6. März kurz und bündig: »Ich bin nun ganz eingeschifft auf der Woge der Welt – voll entschlossen: zu entdecken, gewinnen, streiten, scheitern, oder mich mit aller Ladung in die Luft zu sprengen.« (WA IV 3, 37)

Folgerichtig begann Goethe im Laufe des Jahres 1776 das bereiste Land mit anderen Augen zu betrachten, schärfte sich sein Blick für Wesen, Charakter und Lage der Menschen, erschlossen sich ihm mehr und mehr die Schönheiten der thüringischen Landschaft. Nicht zuletzt wurde ihm bewußt, daß er mit seinem weitgehenden Einfluß auf den jungen Herzog die Pflicht und Verantwortung übernommen hatte, zum Wohle des Landes tätig zu werden.

So ritten Goethe und der Herzog oder Goethe allein bei mehreren Bränden unverzüglich zum Ort des Geschehens, um selbst die Rettungs- und Aufräumungsarbeiten zu leiten: im April 1776 z. B. nach Ulrichshalben, einem Dorf unweit von Weimar, »wo 21 Häuser und 1 Mann verbrannt« (WA III 1, 11) waren, oder im Mai desselben Jahres nach Ilmenau, wobei Goethe und der ihn begleitende Husar die fast 60 km lange Strecke von Weimar bis Ilmenau in einem knapp sechsstündigen Gewaltritt zurücklegten, auf dem ihnen die Pferde im Dorfe Bücheloh unweit des Zieles vor Erschöpfung fast zusammengebrochen wären. ». . . eine Gasse mit dürren Schindeldächern wurde mit großer Arbeit gerettet«, berichtete Goethe dem Landesherrn, »es sind nur *geringe Häuser* und *arme Leute* verunglückt, die doch wenig gerettet haben, Bergleute, Leineweber, Taglöhner.« (WA IV 3, 56) Gerade hier, im Ilmenauer Gebiet, betrieb Goethe in den folgenden Jahren seine sozialen Reformbestrebungen im Zusammenhang mit dem versuchten Wiederbeleben des Bergbaues am intensivsten.[30]

Ob im Norden des Herzogtums, in der Exklave Allstedt, oder im Westen, im Eisenacher Gebiet, ob östlich von Weimar, beispielsweise in Apolda, oder im Süden, in den Bergen des Thüringer Waldes, überall tat sich ihm, zumeist über das intensiv betriebene Zeichnen, die Schönheit der Landschaft auf. Begeistert schilderte der gebürtige Frankfurter den nächtlichen Blick von der Wartburg auf die mondbeglänzte Landschaft bis hinunter, wo »das weite Thüringen hinterwärts im Dämmer sich dem Himmel mischt«: ». . . die Natur ist zu weit herrlich hier

auf jeden Blick hinaus! Aber auch was für Eckgens hier!«, schwärmte er gegenüber Frau von Stein (WA IV 3, 176). Und an Herder, der im Februar 1776 auf Goethes Initiative nach Weimar berufen worden war, schrieb der Freund: »Lieber Bruder, wir sind in Ilmenau, seit 3 Wochen wohnen wir auf dem Thüringer Wald, und ich führe mein Leben in Klüften, Höhlen, Wäldern, in Teichen, unter Wasserfällen, bei den Unterirdischen, und weide mich aus in Gottes Welt.« (WA IV 3, 95)

4. Dorfbrand im Thüringischen
Federzeichnung mit Bister; 1776
Inv. Nr. 33

Karl August, der ein leidenschaftlicher Jäger war, wurde in den Jagdgründen um den Kickelhahn, um den Gabelbach und in Stützerbach in dieser Zeit oft von Goethe begleitet, wobei jeder durchaus auf seine Kosten kam, der jagende Herzog wie der zeichnende

Legationsrat: »Du kannst denken, wie ich mich auf dem Thüringer Wald herumzeichne«, steht in einem Brief an Merck, »der Herzog geht auf Hirsche, ich auf Landschaften aus . . .« (WA IV 3, 90) In einem Brief an Lavater faßte Goethe seine enge Bindung an Karl August und dessen Ländchen in folgende Verse, die er »reinen Gefühls auf dem Thüringer Walde« geschrieben hatte:

Was weiß ich, was mir hier gefällt,
In dieser engen kleinen Welt
Mit leisem Zauberband mich hält!
Mein Karl und ich vergessen hier,
Wie seltsam uns ein tiefes Schicksal leitet,
Und, ach ich fühl's, im stillen werden wir
Zu neuen Szenen vorbereitet. (WA IV 3, 100)

Seine tiefe Verbundenheit mit der neuen Heimat, in der – ihm unbekannt – schon einige seiner Ahnherrn verwurzelt waren,[31] wurde Goethe beim Anblick einer ländlichen Gegend zwischen Weimar und Apolda schlagartig bewußt: »Gestern, als wir nachts von Apolde zurückritten, war ich vorn allein bei den Husaren, die erzählten einander Stückgen, ich hört's, hört's auch nicht, ritt so in Gedanken fort. Da fiel mir's auf, wie mir die Gegend so lieb ist, das Land! der Ettersberg! die unbedeutenden Hügel! und mir fuhr's durch die Seele – Wenn du nun auch das einmal verlassen mußt! das Land, wo du so viel gefunden hast, alle Glückseligkeit gefunden hast, die ein Sterblicher träumen darf, wo du zwischen Behagen und Mißbehagen, in ewig klingender Existenz schwebst . . .« (WA IV 3, 87 f.)

Es wurde ein lebenslanger Aufenthalt. Weimar und Jena waren die heimatlichen Kreise, von denen aus Goethe in der Folgezeit zu seinen weiteren Reisen aufbrach. Das Herzogtum kannte er von seinen zahlreichen Zügen bald sehr gut. »Das macht mir auch Spaß, ein Land so auswendig zu kennen.« (WA IV 3, 38) Der Kameralistiker, der Politiker und werdende Naturwissenschaftler Goethe begann sein Wirken.

Alleinritt in den Harz 1777

»Gar hübsch ist's, auf seinem Pferde mit dem Mantelsäckgen wie auf einem Schiffe herumzukreuzen.«

Seit dem Spätsommer 1777 befiel Goethe immer öfter ein Gefühl des Unbefriedigtseins, des Sichselbst-Suchens, das ihn – wie so oft – weg von Freunden und Bekannten und in die Einsamkeit der Natur zog. Sein Geburtstag, der 28. August 1777, war ihm nach alter Gepflogenheit Anlaß gewesen, über Erreichtes Bilanz zu ziehen und Bevorstehendes zu überdenken. Bereits auf dem Ritt nach Kochberg am 27. August sann er über die Rolle nach, die er seit fast zwei Jahren ausfüllte, und auch bei dem anschließenden Ritt von Kochberg nach Manebach dürften ihn ähnliche Gedanken bewegt haben. Es mögen Goethe leichte Zweifel angeflogen sein, ob das lockere Treiben der herzoglichen Gesellschaft den großen Lebenszielen angemessen sei, denen er doch halb bewußt, halb unbewußt nachstrebte. Jagdvergnügungen, Tanz mit den »Bauernmaidels«, grobe Possenspiele, Tollheiten und Ausgelassenheiten bis spät in die Nacht hinein – dies alles dürfte Goethe immer weniger befriedigt haben. Im September quälte er sich zusätzlich tagelang mit Zahn- und Backenweh herum; kein Wunder, daß unter solchen Umständen viel »übers Dramatische des Lebens« (WA III 1, 47) nachgedacht wurde. Ein Zusammensein mit dem Freund Merck auf der Wartburg war von Mißhelligkeiten überschattet, und schon im Oktober, immer noch auf der Wartburg, vermeldet das Tagebuch: »Tiefes Gefühl des Alleinseins«, »Gefühl gänzlicher Abgeschnittenheit« (WA III 1, 49). Goethe zeichnete sehr viel, war aber »stumpf gegen die Menschen«, sprach mit Knebel »über die Armut des Hoftreibens, überhaupt der Sozietät«, hatte »Heimweh nach Weimar«, konstatierte »Entfremdung« zwischen sich und den Mit-

genossen – und scheint schon an eine Reise, »in Sturm gewickelt, in Schnee verweht«, gedacht zu haben (WA III 1, 50 f.). Über Erfurt nach Weimar zurückgekehrt, verbrachte er in meist melancholischer Stimmung die Zeit, bis am 16. November im Tagebuch festgehalten wurde: »Projekte zur heimlichen Reise.« (WA III 1, 54)

Am 29. November, früh sieben Uhr, bei Sturm und Hagelwetter, ritt Goethe über den Ettersberg in Richtung Norden. Nach Übernachtung in Greußen führte der Ritt am nächsten Tage nach Sondershausen und Nordhausen, wo zum anhaltenden Regen die einbrechende Dunkelheit sich gesellte. Um bis Ilfeld zu kommen, mußte sich der einsame Reiter eines Boten mit Laterne bedienen, in Ilfeld selbst war keine Stube im Wirtshaus mehr zu bekommen. Dennoch fühlte sich Goethe schon »den ganzen Tag in gleicher Reinheit« (WA III 1, 55).

Am 1. Dezember erreichte der Reiter bei leisem Regen Elbingerode, hielt sich den ganzen nächsten Tag in der Baumannshöhle auf, wo er zeichnete,[32] und ritt am 3. Dezember in Wernigerode ein. Bei einem »ganz entsetzlichen Wetter« langte Goethe am nächsten Tage, über Ilsenburg kommend, in Goslar an. »Sturm, Schnee, Schlossen, Regen« hatten den Reisenden, der längst wußte, wohin er wollte und was er vorhatte, derartig zugesetzt, daß er sich selbst »nach Essen, Trinken, drei Stunden Ruhe« kaum zu erholen vermochte. Hier, im Goslarer Wirtshaus, da die nassen Sachen am Ofen trockneten, war ein erstes Besinnen möglich: »Hier bin ich nun wieder in Mauern und Dächern des Altertums versenkt. Bei einem Wirte, der gar viel Väterlichs hat, es ist eine schöne Philisterei im Hause, es wird einem ganz wohl. – – Wie sehr ich wieder, auf diesem dunklen Zug, Liebe zu der Klasse von Menschen gekriegt hab, die man die niedre nennt! die aber gewiß für Gott die höchste ist. Da sind doch alle Tugenden beisammen, Beschränktheit, Genügsamkeit, grader Sinn, Treue, Freude über das leidlichste Gute, Harmlosigkeit, Dulden – Dulden – Ausharren in un – – ich will mich nicht in Ausrufen verlieren.« (WA IV 3, 190 f.)

5. Wartburg von Süden
Schwarze Kreide, Tuschlavierung; 1777
Inv. Nr. 1157

Die nächsten Tage studierte der unter falschem Namen Reisende – »Ich heiße Weber, bin ein Maler, habe Jura studiert« (WA IV 3, 192) – den Harzer Bergbau,[33] fuhr in Rammelsberg und Clausthal selbst in die Gruben ein und entging dabei wie durch ein Wunder einem Steinschlag, während sein Begleiter zu Boden gerissen wurde; Goethe empfand dies wieder als »ein groß Kompliment« des Schicksals (WA IV 3, 196 f.). Neben dem technischen Wissen, das er sich aneignete, erhielt Goethe dank seinem Inkognito eine Lektion in Sachen Menschenkenntnis: »In meiner Verkappung seh ich täglich, wie leicht es ist, ein Schelm zu sein«, schrieb er, möglicherweise an typische Hofschranzen des Adelszirkels denkend, »und wieviel Vorteile einer, der sich im Augenblick verleugnet, über die harmlose Selbstigkeit der Menschen gewinnen kann. Niemand macht mir mehr Freude als die Hundsfütter, die ich nun so ganz vor mir gewähren und ihre Rolle gemächlich ausspielen lasse. Der Nutzen aber, den das auf meinen phantastischen Sinn hat, mit lauter Menschen umzugehn, die ein bestimmtes, einfaches, daurendes, wichtiges Geschäft haben, ist unsäglich. Es ist wie ein kaltes Bad, das einen aus einer bürgerlichen wollüstigen Abspannung wieder zu einem neuen kräftigen Leben zusammenzieht.« (WA IV 3, 194 f.)

Nach zehntägiger Reise, allein, nur mit Pferd und Mantelsack versehen, dem wohltuenden Umgang mit einfachen arbeitenden Menschen und einer wilden, Widerstand fordernden Natur ausgesetzt, hatte Goethe die innerliche Verkrustung abgesprengt. Vorher sei er »elend, genagt, gedrückt, verstümmelt« gewesen, bekannte Goethe am 9. Dezember der Freundin in Kochberg, nun merke er »in der freiwilligen Entäußerung, was da für Lieblichkeit, für Glück drinne steckt«. »Die Menschen streichen sich recht auf mir auf, wie auf einem Probierstein, ihre Gefälligkeit, Gleichgültigkeit, Hartleibigkeit und Grobheit, eins mit dem andern macht mir Spaß – Summa Summarum, es ist die Prätension aller Prätensionen, keine zu haben.« (WA IV 3, 195 f.)

Ausgeschlafen, in bester innerer Verfassung, erlebte Goethe am 10. Dezember den Tag, den er als den Höhepunkt der Harzreise geplant hatte – die Besteigung des winterlichen Brockens. Es bedurfte großer Überredungskünste, den Förster aus dem Torfhause, einer Herberge etwa zwei Fußstunden unterhalb des Gipfels, zu dem Wagestück zu bewegen. Nachdem sich die Wetterlage verbessert hatte, konnte der abenteuerliche, keineswegs ungefährliche und in der Geschichte der Brockenbesteigungen erstmalige Versuch eines Aufstiegs im Dezember riskiert werden. Die lapidaren Eintragungen des Tagebuchs lassen die innere Spannung nur ahnen, die erst auf dem Gipfel abklang: »1 viertel nach 10 aufgebrochen von da auf den Brocken. Schnee eine Elle tief, der aber trug. 1 viertel nach eins droben. Heitrer herrlicher Augenblick, die ganze Welt in Wolken und Nebel und oben alles heiter. Was ist der Mensch, daß du sein gedenkst. Um viere wieder

6. Feuer im Walde
Bleistift; 1776/77
Inv. Nr. 1101

zurück.« (WA III 1, 56 f.) Beim Abstieg beobachtete Goethe phantastische Lichterscheinungen, die er später in seiner ›Farbenlehre‹ beschrieb.[34]

Wie beim Felssturz in der Grube bei Clausthal deutete es Goethe als Gunst des Schicksals, daß ihm entgegen allen Prophezeiungen der Eingesessenen das Wetter günstig und der Versuch des Aufstiegs gelungen war, ja selbst der Vollmond war wunschgemäß hervorgekommen, was einen tiefen Eindruck hinterlassen hatte. Am 11. Dezember kehrte Goethe nach Clausthal zurück, besuchte in den nächsten Tagen noch einige bergbauliche Einrichtungen und reiste am 13. Dezember bei »Nebel« und »Kot« über Duderstadt und Mühlhausen, am 15. Dezember »mit einem Postillion« weiter nach Eisenach, wo er mit Herzog Karl August zusammentraf und seine »Abenteuer« erzählte. Das Gedicht ›Harzreise im Winter‹ bildete den bleibenden poetischen Ertrag

7. Brocken im Mondlicht
Kohle; 1777
Inv. Nr. 964

des Alleinritts; innere Erneuerung, gewachsene Welt- und Menschenkenntnis waren der unmittelbare Gewinn.

Im Gefolge des Herzogs nach Berlin und Potsdam 1778

». . . je größer die Welt, desto garstiger wird die Farce . . .«

Am 10. Mai 1778, ungefähr ein halbes Jahr nach dem beglückenden Harz- und Brockenerlebnis, reiste Goethe mit Herzog Karl August und dem Kammerherrn Moritz von Wedel nach Leipzig. Die drei Reisenden benutzten eine Kutsche des herzoglichen Marstalls. Frühmorgens 6 Uhr waren sie auf der üblichen Route über Eckartsberga und Naumburg nach Leipzig gefahren, wo sie abends 20.30 Uhr nach mehr als vierzehnstündiger Fahrt eintrafen. Die im Zusammenhang mit der bayerischen Erbfolge drohenden militärischen Auseinandersetzungen zwischen Preußen und Österreich bewogen Karl August und den gleichfalls nach Leipzig gekommenen Fürsten Leopold III. Franz Friedrich von Anhalt-Dessau, vor Ort, in der Hohenzollernresidenz Berlin, die politische Lage zu sondieren. Nach kurzer Beratung trugen beide Landesherren Goethe den Wunsch vor, er möge sie begleiten. »Kurzgefaßter Entschluß«, vermerkt das Tagebuch, »bei Tisch zugesagt«. (WA III 1, 66) Nach neunstündiger Reise langte die Gesellschaft am 13. Mai in Wörlitz an, wo sich die Weimarer mit den dortigen Parkanlagen vertraut machten. Welch tiefen Eindruck diese gestaltete Landschaft bei den Gästen hinterließ, hat Goethe nach dem unmittelbaren optischen Erleben in einen Brief einfließen lassen: »Hier ist's jetzt unendlich schön. Mich hat's gestern Abend, wie wir durch die Seen, Kanäle und Wäldgen schlichen, sehr gerührt, wie die Götter dem Fürsten erlaubt haben, einen Traum um sich herum zu schaffen. Es ist wenn man so durchzieht wie ein Mährgen . . . « (WA IV 3, 222 f.)

Fraglos haben Goethe und Karl August in Wörlitz nicht nur schlechthin die Bedeutung der Gartenbaukunst erkannt, sondern direkte Anregungen erhalten, wie das Flußtal der Ilm bei Weimar zu einem Landschaftspark umgestaltet werden könnte.

Darüber hinaus war sich Goethe schon vor dem Erreichen Berlins bewußt, daß er »dem Ziele dramatischen Wesens immer näher« kam, da es ihn, den Vertrauten Karl Augusts, nun immer mehr anging, »wie die Großen mit den Menschen und die Götter mit den Großen spielen« (WA IV 3, 223).

Am 14. Mai wurde die Strecke Wörlitz-Treuenbrietzen in sechsstündiger Schiffsfahrt auf der Elbe bewältigt, am nächsten Tage in vier Stunden der Weg von Treuenbrietzen nach Potsdam, schließlich bis zum Abend die restliche Wegstrecke nach Berlin.

Während des fünftägigen Aufenthaltes in der preußischen Residenz studierte Goethe sehr aufmerksam das großstädtische Getriebe, die großzügig angelegten prächtigen Bauten des ›Forum Fridericianum‹, den Gendarmenmarkt in der Friedrichstadt u. a. m. Bereits am ersten Tage hatte er die von Friedrich II. gegründete ›Königliche Porcelaine Manufacture‹ besucht, um Anregungen für die in Ilmenau entstehenden Porzellanwerkstätten zu erhalten, zwei Tage später besichtigte er die Wollmanufaktur an der Fischerbrücke, wo ihn die 400 Webstühle besonders fesselten. Hier ließ der Preußenkönig die Tuche für seine Soldaten herstellen.

Als Begleiter zweier Fürsten, kaum als Dichter des ›Werther‹ und des ›Götz‹, wurde Goethe u. a. an die Hoftafel des Prinzen Heinrich, des Bruders des abwesenden Königs, gebeten. Goethe erlebte in diesem aristokratischen Kreise, der gegen den Herrscher opponierte und intrigierte, mit welchem Zynismus, mit welcher Indolenz und Ignoranz die Autorität des ›Alten Fritzen‹ herabgewürdigt wurde. Der Kreis und sein Gebaren stießen den schon im Elternhaus ›fritzisch‹ erzogenen Goethe derartig ab, daß er fast verstummte und erstarrte, wodurch er den anwesenden dünkelhaften Offizieren und Diplomaten als bürgerlicher Hagestolz erscheinen mußte. Die Szenen »an des Prinzen Heinrich Tafel« hat der Wahlweimarer ein Leben lang nicht mehr

vergessen. Voller Abscheu schrieb er noch am gleichen Tage an Charlotte von Stein: »So viel kann ich sagen, je größer die Welt, desto garstiger wird die Farce, und ich schwöre, keine Zote und Eselei der Hanswurstiaden ist so ekelhaft als das Wesen der Großen, Mittlern und Kleinen durcheinander. Ich habe die Götter gebeten, daß sie mir meinen Mut und Gradsein erhalten wollen bis ans Ende ...« (WA IV 3, 225)

Nicht nur in der königlichen Umgebung, sondern in »mancherlei Menschen Gewerb und Wesen« habe er sich »durchgetrieben«. So sah Goethe auch die Tagelöhner und Blessierten, die Armut und den Schmutz der großen Stadt und begann die Kehrseite des scheinbar so festgefügten friderizianischen Staates zu erfassen. »Gleichmut und Reinheit erhalten

8. Schloß Wörlitz
Bleistift, Tuschlavierung; 1778
Inv. Nr. 962 B

mir die Götter aufs schönste«, schrieb er im gleichen Brief, »aber dagegen welkt die Blüte des Vertrauens, der Offenheit, der hingebenden Liebe täglich mehr.« Dann weiter: »Es ist ein schön Gefühl, an der Quelle des Kriegs zu sitzen in dem Augenblick, da sie überzusprudeln droht. Und die Pracht der Königsstadt, und Leben und Ordnung und Überfluß, das nicht wäre ohne die tausend und tausend Menschen, bereit, für sie geopfert zu werden. Menschen, Pferde, Wagen, Geschütz, Zurüstungen, es wimmelt von allem. Der Herzog ist wohl, Wedel auch und sehr gut. Wenn ich nur gut erzählen kann von dem großen Uhrwerk, das sich vor einem treibt, von der Bewegung der Puppen kann man auf die verborgnen Räder, besonders auf die große alte Walze 𝕶 gezeichnet mit tausend Stiften schließen, die diese Melodien eine nach der andern hervorbringt.« (WA IV 3, 224 f.)

Neben der Stadt interessierte sich Goethe für die Künstler: Er besuchte Anna Luise Karsch, die den verehrten Dichter bei seiner Ankunft ›beverset‹ hatte, den Maler Anton Graff und den berühmten Kupferstecher und Buchillustrator Daniel Chodowiecki, bevor ab 20. Mai die Rückreise über Tegel und Potsdam nach Dessau erfolgte. In Potsdam wurde noch ein Zwischenaufenthalt eingeschoben, um die Anlagen von Sanssouci näher kennenzulernen. Schon bei der Hinreise hatte Goethe den dortigen Kastellan als Flegel erlebt;[35] nach den Berliner Eindrücken bei Prinz Heinrich verstärkte sich in der königlichen Umgebung von Potsdam sein Ressentiment noch.

Die Weimarer drängte es nach Hause; die gewonnenen Eindrücke verlangten, vor allem bei Goethe, nach Ordnung, Sichtung und Bewältigung, denn er war sich über »den Wert, den wieder dieses Abenteuer für mich, für uns alle hat« (WA IV 3, 225), völlig im klaren.

Am 1. Juni trafen die Reisenden wieder in Weimar ein. Wie ein Stoßseufzer der Erleichterung steht einen Tag später im Brief an Charlotte von Stein: »In meinem Tal ist mir's lieber und wohler als in der weiten Welt.« (WA IV 3, 227)

Die Schweizer Bildungs- und Erziehungstour mit Karl August 1779/80

». . . aber mit dem Herzog muß ich tun, was mäßig ist.«

Seit seiner Ankunft in Weimar im November 1775 war Goethe sehr schnell in viele Bereiche des gesellschaftlichen, politischen und auch privaten Lebens der Weimarer Fürstenfamilie einbezogen worden. Die immer festere persönliche Bindung an den jungen Herrscher, die zahlreichen gemeinsamen Unternehmungen klärten das Bild, das sich Goethe von seinem acht Jahre jüngeren fürstlichen Freund machen mußte, dessen Charakter noch geformt, dessen Wille noch gestählt, dessen Wesen noch geglättet werden sollten zum Wohle seines Landes. Denn noch war der mit 18 Jahren zur Herrschaft gekommene Fürst ein Heißsporn und oft unberechenbar. Eckermann gegenüber hat sich Goethe später über diese Zeit und Karl August ausgelassen: »Er war damals sehr jung, . . . doch ging es mit uns freilich etwas toll her. Er war wie ein edler Wein, aber noch in gewaltiger Gärung. Er wußte mit seinen Kräften nicht wo hinaus, und wir waren oft sehr nahe am Halsbrechen. Auf Parforcepferden über Hecken, Gräben und durch Flüsse, und bergauf bergein sich tagelang abarbeiten, und dann nachts unter freiem Himmel kampieren, etwa bei einem Feuer im Walde: das war nach seinem Sinne. Ein Herzogtum geerbt zu haben war ihm nichts, aber hätte er sich eins erringen, erjagen und erstürmen können, das wäre ihm etwas gewesen.«[36] In dem 1783 entstandenen Gedicht ›Ilmenau‹ hat Goethe den jungen Herrscher knapp und treffend skizziert:

Der Vorwitz lockt ihn in die Weite,
Kein Fels ist ihm zu schroff, kein Steg zu schmal;

Der Unfall lauert an der Seite
Und stürzt ihn in den Arm der Qual.
Dann treibt die schmerzlich überspannte Regung
Gewaltsam ihn bald da bald dort hinaus,
Und von unmutiger Bewegung
Ruht er unmutig wieder aus.
Und düster wild an heitern Tagen,
Unbändig ohne froh zu sein,
Schläft er, an Seel' und Leib verwundet und zerschlagen,
Auf einem harten Lager ein . . . (WA I 2, 146)

Karl August, so Goethe zu Eckermann, »liebte das Derbe und Unbequeme und war ein Feind aller Verweichlichung«[37]. Unter diesen Voraussetzungen war die im Herbst 1779 begonnene Reise in die Schweiz eine riskante Fahrt, die u. a. das pädagogische Ziel verfolgte, den Fürsten vor allem charakterlich zu fordern und zu formen.

In einer späteren autobiographischen Skizze benannte der Dichter seine Situation vor dem Beginn der zweiten Schweizreise mit wenigen lapidaren Worten: »Günstlingsschaft. Selbstvertrauen. Dünkel. Fürstlicher Familienkreis. Einfluß. . . . Hübscher Traum. Naiver Wahnsinn. . . . Tätiges Selbstvertrauen. Sisyphisches Übernehmen. Unbegriff des zu Leistenden. Sichre Kühnheit, daß es zu überwinden sei.« (WA I 53, 383 f.) Goethe gab sich Rechenschaft über sein bisheriges Leben, nun er mit 30 Jahren ein reifer Mann geworden war. Die geplante Reise lieferte den äußeren Anlaß, alte Briefschaften und Manuskripte, »alle alten Schalen« entschlossen zu verbrennen und sichtbar einen Neuanfang zu markieren. Das Tagebuch vom 7. August 1779 kontrapunktiert »andre Zeiten, andre Sorgen«: »Stiller Rückblick aufs Leben, auf die Verworrenheit, Betriebsamkeit, Wißbegierde der Jugend, wie sie überall herumschweift, um etwas Befriedigendes zu finden. Wie ich besonders in Geheimnissen, dunklen imaginativen Verhältnissen eine Wollust gefunden habe. Wie ich alles Wissenschaftliche nur halb angegriffen und bald wieder habe fahren lassen, wie eine Art von demütiger Selbstgefälligkeit durch alles geht, was ich damals schrieb. Wie kurzsinnig in menschlichen und göttlichen Dingen ich mich umgedreht habe. Wie des Tuns, auch des zweckmäßigen Denkens und Dichtens so wenig, wie in zeitverderbender Empfindung und Schatten-Leidenschaft gar viel Tage vertan, wie wenig mir davon zunutz kommen und da die Hälfte nun des Lebens vorüber ist, wie nun kein Weg zurückgelegt, sondern vielmehr ich nur dastehe wie einer, der sich aus dem Wasser rettet und den die Sonne anfängt wohltätig abzutrocknen. Die Zeit, daß ich im Treiben der Welt bin seit 75 Oktbr. getrau ich noch nicht zu übersehen. Gott helfe weiter und gebe Lichter, daß wir uns nicht selbst so viel im Wege stehn. Lasse uns vom Morgen zum Abend das Gehörige tun und gebe uns klare Begriffe von den Folgen der Dinge. Daß man nicht sei wie Menschen, die den ganzen Tag über Kopfweh klagen und gegen Kopfweh brauchen und alle Abend zu viel Wein zu sich nehmen. Möge die Idee des Reinen, die sich bis auf den Bissen erstreckt, den ich in Mund nehme, immer lichter in mir werden.« (WA III 1, 93 f.)

Im September 1779 brach die Reisegesellschaft auf: Herzog Karl August, der Oberforstmeister und Kammerherr Moritz von Wedel, der wenige Tage vorher zum Geheimen Rat ernannte Goethe, dessen Diener Philipp Seidel, der herzogliche Kämmerer Wagner, ein Jäger und ein Reitknecht als Bediente des Hofes. Nichts erinnerte mehr an die erste Schweizreise, Goethe war ein anderer geworden: statt Geniegeist Ökonomie der Lebensführung, statt Ungebundenheit Planung und Bewußtsein, statt Sensationen und Exaltationen Beherrschung und gemessenes Betragen, statt Leichtsinn und jungenhafter Unbedachtsamkeit Vorsicht und Überlegung. 1775 reiste der Dichter und Jüngling; vier Jahre später kam der Minister und Mentor.

Bei schönstem Reisewetter verstrichen die ersten Tage der Fahrt. Planmäßig erreichte die Kutsche, mit der man am 12. September 1779 gegen 5.30 Uhr vom nördlich von Weimar gelegenen Schloß Ettersburg aufgebrochen war, etwa drei Stunden später das 20 km entfernte Erfurt, weitere drei Stunden später die Residenzstadt Gotha. In Eisenach langte man nach 18.30 Uhr an; Goethe erinnerte sich noch als Greis, daß die Fahrzeuge Karl Augusts kaum gefedert waren. »Wer mit ihm fuhr, hatte verzweifelte Stöße auszuhalten. Aber das war ihm eben recht.«[38]

Des Rüttelns und Stoßens während der Fahrt über holperige Chausseen und Poststraßen überdrüssig, hielt Goethe abends in Eisenach ein trockenes »Hatten's satt« (WA III 1, 98) im Tagebuch fest. Tags darauf wurde Creuzburg besucht, und am 14. September waren die Reisenden »glücklich und lustig in Cassel angelangt« (WA IV 4, 61), wo es zu einem Zusammentreffen mit dem weitgereisten Johann Georg Forster kam. Vier Tage später lag die Reichsstadt Frankfurt vor ihnen. Goethe quartierte den herzoglichen Freund im Elternhaus ein, wo auch er seit 1775 nicht mehr gewesen war. »Den Abend unsrer Ankunft wurden wir von einem Feuerzeichen empfangen«, schrieb Goethe an Charlotte von Stein, »das wir uns zum allerbesten deuteten.« (WA IV 4, 62) Nicht nur ein gutes Omen gab die Stadt am Main, sondern die Gesellschaft wurde im Hause am Großen Hirschgraben auch reichsstädtisch-erlesen bewirtet und beköstigt, wie Karl August nach dem Überschreiten der Schweizer Grenze im Brief an Frau Rat Goethe bestätigte: »Die Stärkung Ihres alten Weins und besonders die ganz vortrefflichen Einflüsse Ihres unvergeßlichen Wildpretbratens haben uns in unserm Ritterzug treffliche Hilfe geleistet.«[39]

Von Frankfurt aus wurde die Reise im Sattel fortgesetzt. Über Heidelberg und Sesenheim – Goethe unternahm einen Abstecher zum Pfarrhaus Brion – führte die Route nach Straßburg, dann nach Emmendingen, wo Goethe seinen verwitweten Schwager Schlosser und das Grab der 1777 verstorbenen Schwester Cornelia aufsuchte. Bereits nach dem Überqueren des Rheins mit der Fähre bei Speyer begann der wohltuende Einfluß der nahen Gebirgswelt zu wirken. »Die Schweiz liegt vor uns, und wir hoffen mit Beistand des Himmels in den großen Gestalten der Welt uns umzutreiben und unsre Geister im Erhabnen der Natur zu baden« (WA IV 4, 63), umriß Goethe im Brief an Charlotte von Stein die erwartungsfrohe Stimmung der Reisenden.

Goethe selbst verspürte hier bereits ein Wohlbefinden und »eine Art Behagens, das ich lange entbehre« (WA IV 4, 65), obwohl die Reise von vielen Seiten des Hofes kritisiert worden war und er das zu Unüberlegtheiten neigende Wesen Karl Augusts nur zu gut kannte und auch ins Kalkül zu ziehen hatte. Es wird unter diesen Umständen verständlich, daß Goethe, der sich seiner Verantwortung für den jungen Fürsten sehr deutlich bewußt war, immer wieder gefährliche oder schwer zu berechnende Situationen vermied, denen er selbst bei seinen Reisen durchaus nicht auswich, solange das Risiko überschaubar blieb. Bezeichnend ist dazu folgender Passus aus einem Brief an Lavater: »Bisher sind wir glücklich gereist, bete auch, daß uns die himmlischen Wolken günstig bleiben und wir an allen Gefahren vorübergehn.« (WA IV 4, 74)

Gefahren barg eine Schweizreise genug, schon die Fortbewegung selbst war bei der Beschaffenheit der Wege durchaus abenteuerlich zu nennen. Hinter Thun ging es mit einem »bedeckten Schiff« über den See, dann wurde die Fahrt »auf einem engen Leiterwägelgen zusammengepackt« fortgesetzt. Jedoch scheint das Stoßen und Schütteln auf dem Gefährt bald so unerträglich geworden zu sein, daß der Weg »zu Fuße durch das Tal bis nach Lauterbrunn« zurückgelegt wurde. Den landesüblichen Ausdruck »auf dem Wagen reiten« hielt Goethe des Notierens für wert. (WA IV 4, 75 f.) Der Weg von Annet nach Bern über Murten, der wieder reitend bewältigt wurde, führte anfangs streckenweise im Regen durch Moor, so daß »wir doch oft unsere Pferde führen mußten aus Furcht, nicht einzusinken« (WA IV 4, 76). Auch war es ihnen passiert, daß sie den schlecht markierten Weg verfehlten und in die Irre liefen, schließlich von Ort zu Ort eilten, weil weder Wirtshäuser noch Privatquartiere vorhanden waren. Zu diesen sozusagen normalen Reisestrapazen kamen zusätzliche Probleme, so des Herzogs Grillen und die durch die Höhenbedingungen verursachten Schwindelanfälle Wedels und des Dieners Wagner. Goethe selbst beschrieb die Situation sehr treffend in einem Brief an Charlotte von Stein, nachdem sie eine »merkwürdige Tour durch die bernischen Glätscher« unternommen hatten: »Wär ich allein gewesen, ich wäre höher und tiefer gegangen, aber mit dem Herzog muß ich tun, was mäßig ist. Doch könnt ich uns mehr erlauben, wenn er die böse Art nicht hätte, den Speck zu spicken, und wenn man auf dem Gipfel des Bergs mit Müh und Gefahr ist, noch ein Stiegelgen ohne Zweck und Not mit Müh und Gefahr suchte. ... Wenn ich aber wieder sehe, wie jedem der Pfahl ins Fleisch geben ist, den er zu schleppen hat, und wie er sonst von dieser Reise wahren Nutzen hat, ist alles wieder weg [an Ärger – J. K.]. Er hat gar eine gute Art von Aufpassen, Teilnehmen und Neugier, beschämt mich oft, wenn er da anhaltend oder dringend ist, etwas zu sehen oder zu erfahren, wenn ich oft am Flecke vergessen oder gleichgültig bin. [–] Es soll recht gut werden, denk ich, und bisher hat uns das Glück gar unerhört begleitet.« (WA IV 4, 78 f.) Und an anderer Stelle heißt es mit den Worten Seidels: »Der Weg ist bös, weil man so oft über elende Stiege über die Aar muß, an Felsenwänden weg, wo ein bloßer Pfad ausgehauen ist, und unten immer große Abgründe. Hierzu kam die einbrechende Nacht. Herr v. Wedel und Wagner waren wegen ihres Schwindels übel dabei zumute. Eine halbe Stunde vor Guotanin nahmen wir Zuflucht in einem Bauernhaus. Ich ging Wagnern, der noch zurück war, mit einer Laterne entgegen. ... Wir kamen endlich mit Schindelfackeln nach 8 Uhr daselbst an. Schlechter Wein und schlechte Wirtschaft daselbst.« (WA IV 4, 81)

Trotz aller Fährnisse scheint die Reise recht lustig vonstatten gegangen zu sein, sogar zu einzelnen Mutwilligkeiten ließ sich der ›Bergführer‹ Goethe von den Gefährten verleiten. »Wedel hat des Tags hundert tolle Einfälle, und wenn ihn nicht manchmal der Schwindel ankäme und ihn auf Augenblicke böser Laune machte, wäre kein Gesellschafter über ihn« (WA IV 4, 79), meinte Goethe, und in seinem Tagebuch finden sich unter dem 10. Oktober folgende, schlaglichtartig die Umstände erhellende Sätze: »Wir aßen und tranken und feierten sehr lustig Saturnalien mit den Knechten und Führern. ... Wir ... machten Torheiten, Steine abzuwälzen, es war schön und höher, als sich denkt. Der Herzog wollte es auch noch immer toller, ich sagt ihm, das wäre das und mehr fänden wir nicht.« (WA III 1, 100)

Verschiedene Teile der Route legten die Reisenden in getrennten Gruppen zurück, teils Wedels wegen, der die gewagteren Partien nicht mitgehen konnte, teils aus Gründen der Reiseökonomie und der Versorgung. Wie bei Reisen allgemein üblich, wurden alle Unterwegsbekanntschaften genutzt, um das permanent schwierige Problem der Übernachtungen zu lösen. Gegen Ende Oktober beschrieb Goethe sehr plastisch das Innere eines solchen Schweizer Quartiers, in dem sie durch Vermittlung eines Hauptmanns Aufnahme fanden, während dort Fremde sonst nicht beherbergt wurden. »Es unterschied sich in der innern Bauart von gewöhnlichen Gebäuden in nichts, als daß der große Raum mitteninne zugleich Küche, Versammlungsplatz, Vorsaal ist und man von da in die Zimmer gleicher Erde und auch die Treppe hinauf geht. Auf der einen Seite war an dem Boden auf steinernen Platten das Feuer angezündet, davon ein weiter Schornstein, mit Brettern dauerhaft und sauber ausgeschlagen, den Rauch aufnahm. In der Ecke waren die Türen zu den Backöfen, der ganze Fußboden übrigens gedielet, bis auf ein kleines Eckgen am Fenster um den Spülstein, gepflastert, übrigens ringsherum, auch in der Höhe über den Balken, eine Menge Hausrat und Gerätschaften in schöner Ordnung angebracht, alles nicht unreinlich gehalten.« (WA IV 4, 100)

Viel intensiver auch als während der ersten Schweizreise beobachtete und registrierte Goethe die sozialen Bedingungen des Landes, dessen Landwirtschaft, die Wohnhäuser und Straßen. Die ihm inzwischen wohlbekannten, z. T. als Minister anvertrauten sachsen-weimarischen Gegebenheiten in den entsprechenden Ressorts klingen als Vergleichsmaßstab immer an, wenn er sich über Schweizer Beobachtungen ausläßt: »Die Leute sind gut gebildet und gesittet, neben dem Holzverkauf treiben sie Viehzucht, sie haben kleines Vieh und machen gute Käse, sie sind geschäftig, und ein Erdschollen ist ihnen viel wert, wir fanden einen, der die wenige aus einem Gräbgen aufgeworfene Erde mit Pferd und Karren in einige Vertiefungen eben der Wiese führte, die Steine legen sie sorgfältig zusammen und bringen sie auf kleine Haufen. Es sind viele Steinschleifer hier, die für Genfer und andere Kaufleute arbeiten, womit auch die Frauen und Kinder sich beschäftigen. Die Häuser sind dauerhaft und sauber gebaut, die Form und Einrichtung nach dem Bedürfnis der Gegend und der Bewohner, vor jedem Hause läuft ein Brunnen, und durchaus spürt man Fleiß, Rührigkeit und Wohlstand. Über alles aber muß man die schöne Wege preisen . . .« (WA IV 4, 104 f.)

Ende Oktober bis Anfang November hielten sich die Weimarer Reisenden in Genf auf, um sich auf den schwierigsten Teil ihrer Reise, den Marsch zum St. Gotthard unter den Bedingungen des beginnenden Winters, vorzubereiten. Goethe, der sich verantwortungsbewußt mit den zu erwartenden Schwierigkeiten vertraut machen wollte, hatte noch am 2. November an Charlotte von Stein deutliche Worte geschrieben: »Nun haben wir einen wichtigen Weg vor uns, wo wir das Geleit des Glückes nötiger haben als jemals. Morgen soll's nach den Savoyer Eisgebürgen und von da durch ins Wallis. Wenn es dort schon so aussähe, wie man es uns hier malt, so wär's ein Stieg in die Hölle. Man kennt aber schon die Poesie der Leute auf den Sophas und in den Cabriolets. Etwas zu leiden sind wir bereit, und wenn es möglich ist, im Dezember auf den Brocken zu kommen, so müssen auch anfangs November uns diese Pforten der Schröcknisse auch noch durchlassen.« (WA IV 4, 117) Dennoch verließ sich Goethe nicht allein auf das »Geleit des Glükkes«. Man suchte den hochgeschätzten Naturwissenschaftler Horace de Saussure auf, um die Meinung dieses erfahrenen Gebirgskenners einzuholen: »Er zeigte uns an . . ., wie wir gehen und was für Vorsorge wir gebrauchten sollten. Er spricht nicht anders von diesem Gange, als wie wir einem Fremden vom Buffartischen Schloß oder vom Etterischen Steinbruche[40] erzählen werden. Und das sind, dünkt mich, die Leute, die man fragen muß, wenn man in der Welt fortkommen will.« (WA IV 4, 119) Mit jugendlich-optimistischem Elan wurden die Genfer Tage erwartungsvoll verbracht. Der Maler Jens Juel porträtierte Goethe in dieser Zeit, bevor am 3. November 1779 die nächste Etappe in Angriff genommen wurde. Die Bleistiftzeichnung zeigt einen gereiften Dreißigjährigen, und das war Goethe in der Tat geworden. Nicht mehr ist wie 1775 von »allmächtig schröcklicher Natur« die Rede; der Mann, der die sanften Höhen des Thüringer Waldes und die rauhen Felsen des Harzes inzwischen kennengelernt und dort »am Busen der Natur« geruht hat, vermag sich auch den gewaltigen Schweizer Bergen inzwischen wie ein vertrauter Freund zu nähern. Diese Naturnähe floß ein in die poetischen Reiseschilderungen; folgerichtig kam Goethe gar nicht auf den Gedanken zu zeichnen, wie dies vier Jahre vorher noch der Fall gewesen war.

Über Chamonix, über die Rhône nach Sion führte die Strecke, die vorerst durchaus kein »Stieg in die Hölle« war, sondern als ein »sehr lustiger Weg«, als »schöner Weg« mit »herrlicher Aussicht« und »schönem Anblick« im Tagebuch charakterisiert wurde. Erst nach dem 9. November, als Goethe mit dem Herzog zeitweise allein weiterritt, verändert sich merklich der Ton. Zwar ist immer noch die Rede von manch »trefflichem Anblick«, aber auch schon von »beschwerlichem Weg«, von »bösem Felsgang«, »erstem Schnee« und dem »Brauen der Wolken«. (WA III 1, 102)

Am 10. November, in Leukerbad im Rhônetal,

9. Schweizer Landschaft
Bleistift, Feder mit Tusche; 1807/08
Inv. Nr. 1201

tat Wedel den sicherlich vernünftigen Vorschlag, mit dem Kämmerer Wagner, dem Reitknecht und den Pferden zurückzugehen. Goethe und Karl August zogen, begleitet von Seidel und dem herzoglichen Jäger, mit Maultier und zweirädrigem Karren allein weiter auf Brig zu; tags darauf zu Pferd von dort weiter ins »Schneegebürge« hinein. Auch bei Goethe verstärkte sich ein ungutes Gefühl darüber, ob denn die Entscheidung, zu dieser Jahreszeit mit dem jungen Herzog in die Berge vorzudringen, nicht doch zu riskant gewesen sei. Das Tagebuch erlaubt einen Blick in dies Wechselbad der Gefühle, das durch Weg und Wetter verursacht wurde: »Enger das Tal, aufwärts. Ängstl. Stimmung. Verfl. Gefühl des Entenfangs. . . . Fatale Ahndungen. Erinnerung. Enge. Böses Gefühl, daß man im Sack stickt. Hoffnung und Vertraun.« (WA III 1, 103) Am 12. November dann – es hatte nachts nicht weitergeschneit – faßten sie wieder Mut. Mit zwei Führern aus Oberwald – »Bursche wie Rosse« – stiegen sie weiter aufwärts, kamen die erste Stunde bei Sonnenschein gut vorwärts, in der zweiten noch leidlich, in der dritten äußerst beschwerlich bei zunehmendem Schneefall und »Stöberwetter«. Am 13. November, gegen 10 Uhr vormittags, begann der letzte Aufstieg. Der »klarste Himmel« und »hohe Sonne« begünstigten die Wanderer, auch die Einsamkeit nahm ab: Maultierkolonnen – 1780 sollen 9000 Tiere über den Paß gegangen sein[41] – zogen in die gleiche Richtung. Gegen zwei Uhr des Nachmittags war das Ziel, der Gipfel des Gotthards, glücklich erreicht. (WA III 1, 104) Nicht nur das Tagebuch, auch die Briefe lassen das Glück und die Zufriedenheit anklingen, die den Schreiber bewegten. Vom Gotthard bei den Kapuzinern schrieb Goethe an Charlotte von Stein am gleichen Tage: »Zum zweitenmal bin ich nun in dieser Stube, auf dieser Höhe, ich sage nicht, mit was für Gedanken. Auch jetzt reizt mich Italien nicht. Daß dem Herzog diese Reise nichts nützen würde jetzo, daß es nicht gut wäre, länger von Hause zu bleiben, daß ich Euch wiedersehen werde, alles wendet mein Auge zum zweitenmal vom gelobten Lande ab, ohne das zu sehen ich hoffentlich nicht sterben werde, und führt meinen Geist wieder nach meinem armen Dache, wo ich vergnügter als jemals Euch an meinem Kamin haben und einen guten Braten auftischen werde. Dabei sollen die Erzählungen die Abende kurz machen von braven Unternehmungen, Entschlüssen, Freuden und Beschwerden.« (WA IV 4, 120)

Oben im Hospiz bei dem Pater Lorenz, am wärmenden Kaminfeuer, indes es draußen »grimmig kalt« war und sich »Himmel und Wolken rein wie Saphir und Kristall« darstellten, war bereits beste Gelegenheit zu Gesprächen gegeben. Von der sehr unterschiedlichen Verpflegung während der Reise wird gesprochen worden sein,[42] sicher auch von den überstandenen Gefahren, so z. B. von der Begegnung mit einigen ›Contrebandiers‹ (Schmugglern), bei der beide Seiten erschrocken waren, sogar ein Schuß gelöst wurde zum Zeichen der kämpferischen Entschlossenheit, bis man dann aber doch mit »wechselseitigen Glückwünschen« friedlich aneinander vorbeiging. (WA IV 4, 137)

Nach zwei Tagen begann die Rückreise. Bereits am 16. November war Luzern, am 18. Zürich wieder erreicht. Da es zu großen Teilen erneut eine Fußreise war, hat es dabei sicher das eine oder andere Problem gegeben, denn bereits während des Aufstiegs hatte Goethe am 5. November geklagt, daß sie auf eisigem Untergrund kaum Halt fänden, denn sie seien »weder mit Fußeisen, noch mit beschlagenen Schuhen gerüstet, vielmehr waren unsere Absätze durch den langen Marsch abgerundet und geglättet«. (WA IV 4, 132)

Bereits Ende November, noch auf der Rückfahrt, begann die Phase des Resümierens und Bilanzierens. Goethe war davon überzeugt, »wie wichtig in vielem Betracht diese Reise dem Herzog gewesen ist und wie gewiß eine neue Epoche seines und unsers Lebens sich davon anfängt«. So sicher war er sich dessen, daß er ihm »ein Monument dieser glücklich vollbrachten Reise setzen« wollte. (WA IV 4, 141) Zu diesem Gefühl, das Unternehmen gut zu Ende gebracht zu haben, trug nach den durchstandenen Entbehrungen gewiß auch die angenehme Unterkunft im Züricher Gasthaus ›Zum Ochsen‹ bei, wo es nicht nur »eine liebliche Aussicht auf den Fluß, See und Gebürge« gab, sondern auch »trefflich zu essen, gute Betten und also alles, was sonst in bezauberten Schlössern um Ritter zu erquicken herbeigewinkt wird«. (WA IV 4, 151) Im Dezember, während eines Besuches auf der ›Solitüde‹ bei Stuttgart, begegneten sich erstmals Goethe und Schiller, ohne daß der Minister vom schmächtigen Karlsschüler sonderliche Notiz genommen hätte, dann zog das Gefolge um Karl August noch an den Höfen herum, fror, langweilte sich, aß schlecht und trank noch schlechter, und am 13. Januar endlich trafen die Reisenden »glücklich, wohl und vergnügt« wieder in Weimar ein. Durch den Schatullenverwalter des Herzogs, Friedrich Justin Bertuch, der die Abrechnungen festhielt, ist bekannt, daß sich die Kosten für diese viermonatige Reise mit durchschnittlich 7 Personen auf 8922 Reichstaler 14 Groschen und 10 Pfennige beliefen. Das waren pro Tag und Person durchschnittlich 10 Reichstaler.[43] Ein wohlsituierter Bürger verdiente um 1800 in Weimar 1 Reichstaler täglich, wovon er aber etwa 90 Prozent für die Lebenshaltungskosten verausgaben mußte.[44]

Was das Tagebuch noch knapp, aber hochgestimmt formuliert: »Jedermann ist mit ♃ [dem Herzog – J. K.] sehr zufrieden, preist uns nun, und die Reise ist ein Meisterstück! eine Epopee!« (WA III 1, 105), hört sich in den Briefen noch enthusiastischer an. Nicht von den Kunstsachen, die man mit nach Weimar brachte, soll dabei hier die Rede sein, sondern von dem inneren Wandel, den die Reisenden sehr wohl selbst spürten. »Daß die ehrenen, hölzernen und pappenen Schalen, die uns oft trennen, mögen zertrümmert und auf ewig ins höllische Feuer geworfen werden« (WA IV 4, 147), schreibt Goethe, höfische Konvention und Zwang der Zeit verurteilend, an Knebel, und an Charlotte von Stein notierte er im selben Sinne, er wisse nun, »in was für einem sittlichen Tod wir gewöhnlich zusammenleben und woher das Eintrocknen und Einfrieren eines Herzens kommt« (WA IV 4, 150). Das geistlose höfische Treiben und die menschliche Kälte in den aristokratischen Kreisen von Stuttgart, Mannheim oder Karlsruhe verstärkten den Wunsch nach Heimkehr in den inzwischen lieb und wert gewordenen Weimarer Freundeskreis. Im Werden begriffene Arbeiten wie eine Operette oder ›Egmont‹ fanden dort Resonanz, und die Lust, zu arbeiten, das Erfahrene im Herzogtum anzuwenden und umzusetzen, ließ Goethe die Rückkehr herbeiwünschen. Verständlich vor diesem Hintergrund der schon in Mannheim hingeschriebene Satz: »Gott im Himmel, was ist Weimar für ein Paradies!« (WA IV 4, 155)

Amtsabstinenz im Harz 1783/84

». . . von den Fesseln des Hofs entbunden in der Freiheit der Berge«

Als Goethe im Juni 1783 zusätzlich zu den bisherigen Aufgaben im Geheimen Konsilium, in der Bergwerkskommission sowie im Kriegs- und Straßenbauwesen noch die Leitung der Kammer, der obersten Finanzbehörde des Herzogtums, übertragen bekam, näherten sich die anstrengenden und zeitaufwendigen dienstlichen Verpflichtungen einer physischen Grenze. Es war nur zu verständlich, daß der stark beanspruchte Minister im September 1783 anläßlich eines amtlichen Aufenthaltes in Ilmenau die erste Gelegenheit nutzte, um den drückenden Weimarer Geschäften zeitweilig zu entrinnen, und – rein privat – zum zweiten Male für vier Wochen in den Harz reiste. Begleitet wurde er auf dieser Fahrt von dem elfjährigen Friedrich von Stein, einem Sohn Charlottes, den Goethe seit langem als seinen besonderen Liebling auserkoren hatte, seit Mai 1783 sogar als ständigen Mitbewohner seines Gartenhäuschens wie einen eigenen Sohn erzog.

Am 6. September brachen die beiden Reisenden mit Pferden und leichtem Gepäck auf. Zum ersten Aufenthalt ihrer Kurzerkundungen wählten sie das Gut Langenstein, wo sie Gäste der attraktiven Maria Antonia Pessina Marquise von Branconi waren. Goethe unterließ die kleinen Nadelstiche nicht, in den Briefen an die Kochberger Vertraute seiner

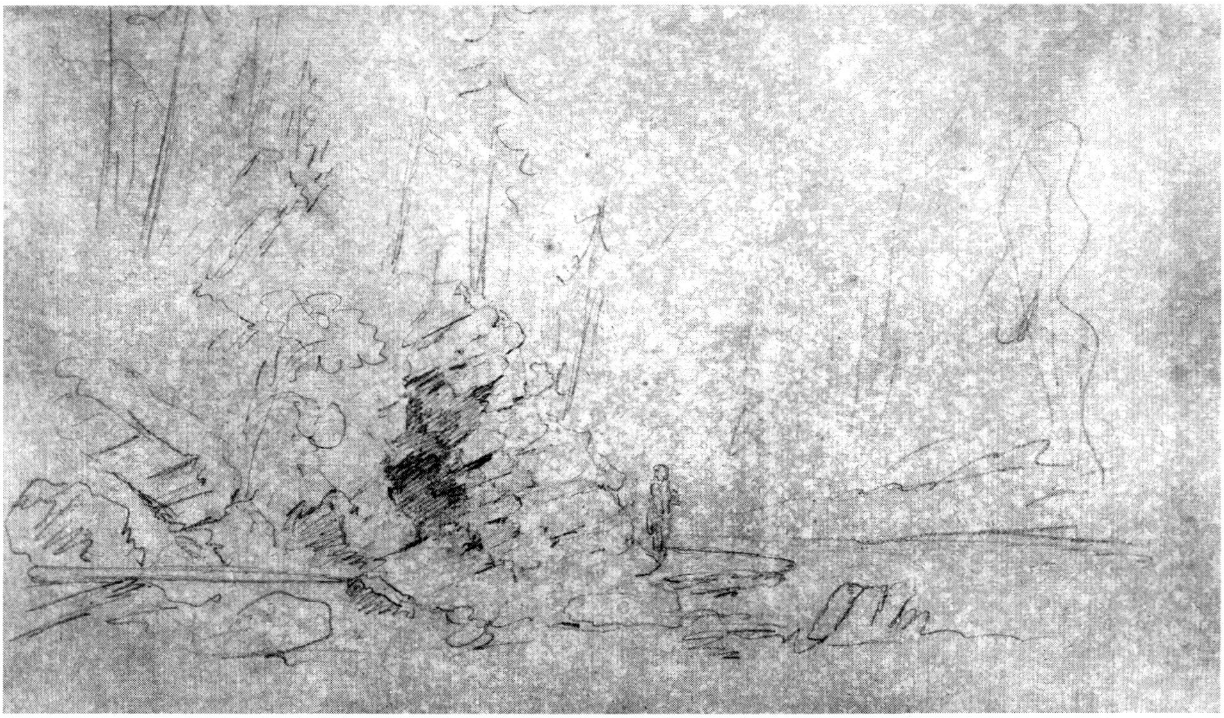

charmanten Gastgeberin mehrfach Erwähnung zu tun.

Als ob eine schwere Last von seinen Schultern genommen sei, klangen die ersten Nachrichten, die Goethe der Mutter seines Zöglings bereits am dritten Tage des Ritts mitteilte: ». . . es wird mir guttun, fremde Luft einzuatmen und mein Verhältnis von weitem zu betrachten. Die Existenzen fremder Menschen sind die besten Spiegel, worin wir die unsrige erkennen können.« (WA IV 6, 195) Fritz erwies sich als standhafter Reiter, war meist »recht artig« und faßte sich bei Widrigkeiten, »wenn ihm etwas gegen die Stirne« lief, sehr schnell wieder. »Er ritt auf einem kleinen Pferdgen so grade hin, als wenn er ganz damit bekannt gewesen wäre«, schrieb Goethe nach der Besteigung des Brockens, »er ist sehr glücklich und hat nur kleine Anfälle von Laune und Unart.« (WA IV 6, 201)

10. Harzlandschaft
Bleistiftskizze; 1784
Inv. Nr. 1510

Hinderlich war anfangs das unfreundliche Herbstwetter, von dem Goethe mit Rücksicht auf den Jungen einzelne Unternehmungen abhängig machen mußte. Aber nach wenigen Tagen lächelte ihnen die Herbstsonne. Aus Blankenburg schrieb Goethe am 11. September an Charlotte von Stein: »Der erste schöne Tag seit der ganzen Reise! So lang ich bei der schönen Frau war, hast Du immer Sturm und leidig Wetter gemacht und dafür meine Wallfahrt nach dem Roßtrapp gesegnet. Es war ein köstlicher Tag. Und nachdem ich mich oben umgesehen hatte, stiegen wir ins Tal herunter, wo ich Dich hundertmal hingewünscht habe, als ich mit Fritzen auf einem großen, in den Fluß gestürzten Granitstück zu Mittage aß.« (WA IV 6, 196) Diese Art des ungebundenen Herumschwärmens in der Natur war nicht nur für den Elfjährigen das rechte Abenteuer; auch Goethe lebte auf. »Mir geht es bis hierher sehr wohl, man begegnet mir auf das beste« (WA IV 6, 195), hieß es aus Langenstein, und aus Blankenburg: »Man begegnet mir überall auf das artigste, ich habe und zeige auch gute Laune . . .« (WA IV 6, 196 f.)

Natürlich erklärte Goethe seinem wißbegierigen Schüler Fritz die Baumannshöhle, die Marmorbrüche und die Mühle in Rübeland und machte ihn auf die wildromantische Schönheit der Landschaft aufmerksam. Über Halberstadt, wo Goethe Johann Wilhelm Ludwig Gleim und den preußischen General Herzog Ferdinand von Braunschweig besuchte, führte die Reise nach Clausthal, von wo aus am 21. September, bei schönstem Wetter, der Sprung auf den Brocken gewagt werden konnte.

Wie immer vor solchen besonderen Augenblicken seines Lebens schaute Goethe auf seine eigene Existenz zurück und resümierte. So schrieb er an Charlotte von Stein, mit der er sich in jenen Jahren besonders eng verbunden fühlte, am 20. September 1783: »Wie glücklich machst Du mich durch das sichre Gefühl, daß ich Dein sei, ich bin's auch l[iebe] Lotte, es ist unmöglich, jemanden mehr anzugehören. Die ersten Tage an einem Orte, wo soviel Neues auf einen zuströmt, geht es seinen Gang, aber wenn diese Bewegung abnimmt, entsteht eine recht ängstliche Sehnsucht nach Dir, die keine Worte ausdrükken.« (WA IV 6, 200) Und am folgenden Tage unmittelbar vor Beginn des Aufstiegs zum Brocken: »Oben auf dem Gipfel, auf den alten Klippen will ich mich nach Deiner Wohnung umsehn und Dir die Gedanken der lebhaftesten Liebe zuschicken. Schon vor mehreren Jahren tat ich dasselbe, und wieviel anders ist's jetzo . . .« (WA IV 6, 201)

Unter der sachkundigen Begleitung des mit Goethe befreundeten Bergmeisters Friedrich Wilhelm Heinrich von Trebra wurde der Brocken bei herrlichem Herbstwetter bezwungen. Goethe nutzte diese Wanderung ausgiebig, um seinen mineralogischen Studien nachzugehen; mit »Spekulationen über die alte Kruste der neuen Welt« (WA IV 6, 199) hatte sich der Leiter der Bergbaukommission seit etwa 1780 erst dienstlich, dann aber zunehmend privatwissenschaftlich, als Autodidakt befaßt. So konnte er aus Zellerfeld auch voller Stolz berichten: »Ich habe mich recht mit Steinen angefüttert, sie sollen mir, denke ich, wie die Kiesel dem Auerhahn zur Verdauung meiner übrigen schweren Winterspeise helfen.« (WA IV 6, 201) In diesen Jahren begann Goethe mit der Anlage einer Gesteinssammlung, die bis zum Ende seines Lebens auf etwa 18 000 Objekte anwuchs. Literarisches Ergebnis dieser wissenschaftlichen Aneignung geologisch-mineralogischer Probleme war der Versuch ›Über den Granit‹, der Goethe stets als das »Urgestein«, als der »Vater aller Gesteine« erschien.

Am 27. September langten die beiden Reiter in Göttingen an, wo Goethe sich vornahm, alle Professoren zu besuchen, und u. a. einem physikalischen Kollegium Georg Christoph Lichtenbergs beiwohnte. Die letzte Station der Reise war in den ersten Oktobertagen Kassel. Hier lernte der Weimarer Dichter den Naturwissenschaftler Samuel Thomas Sömmerring kennen, von dem er in den folgenden Jahren noch viel profitierte. Bereits aus Göttingen hatte Goethe bilanziert, daß ihm dieser vierwöchige Ausritt sehr gut getan habe, daß diese Reise »eben zur rechten Zeit eingeschlagen« sei. »Du glaubst nicht«, versicherte er Charlotte von Stein, »wie leicht es mir wird, mit den Menschen zu handeln, da ich nicht mit ihnen umzugehen brauche.« (WA IV 6, 202) Über Eisenach kehrten Goethe und Fritz von Stein nach Weimar zurück.

Ein Jahr später, fast zur gleichen Jahreszeit, nutzte Goethe erneut einen Freiraum in den dienstlichen Abläufen, um im Harz die drückenden Hof- und Ministerfesseln abzustreifen. Vom 1. bis zum 16. September 1784 führte er mit dem Zeichner und Landsmann Georg Melchior Kraus ein völlig ungebundenes Naturburschenleben zwischen Goslar und Elbingerode. Von keinerlei Rücksichten eingeengt, gingen beide »in der Freiheit der Wälder« (WA IV 6, 354) nur ihren Passionen nach, genossen sie, »von den Fesseln des Hofs entbunden«, »bei dem schönsten Wetter«, nur sich »selbst überlassen der herrlichsten Tage«. (WA IV 6, 353) Sie bestiegen selbstverständlich den Brocken, hämmerten und zeichneten viel, so daß Goethe bei Herder in Weimar ankündigen konnte, daß er eine »große Last Steine« geschleppt bringe. Daß die Lust an mineralogischen Studien fortdauerte, bestätigte Goethe ausdrücklich: Zwar werde es ihm manchmal »ein wenig sauer, auf diese einzige Idee auszugehn«, da ihn »diese Materie fast zu ennuyieren« anfange, dennoch bleibe er dabei, »denn stecken kann ich's nicht lassen«. (WA IV 6, 354) Daß Goethe bei diesen Exkursionen auch Wagestücke riskierte, wußte z. B. der Bergmeister Trebra zu berichten. Auf der Suche nach der Herkunft von Bruchstücken seltenen Granitgesteins hatte sich auf dem Wege vom Brocken über Schierke und Elend während der zweiten Harzreise etwas ereignet, das sich zur bekannten Anekdote verdichtete: »›Die können nirgends anders herkommen als von jener Klippe da vor uns. Dahin müssen wir‹, antwortete mein Freund. ›Behutsam! Vorsichtig!‹ schrie ich ihm nach, ›die moosbedeckten schlüpfrigen Felsstücke liegen gefahrvoll durcheinander, wir können die Beine dazwischen brechen.‹ – ›Nur fort! Nur fort!‹ antwortete er voraneilend, ›wir müssen noch zu großen Ehren kommen, ehe wir die Hälse brechen!‹«[45]

Die Harzreisen haben Goethes naturwissenschaftliche Studien stark angeregt und vorwärtsgetrieben; sie signalisierten auch, daß der Druck der Weimarer Amtsgeschäfte auf den Künstler und Forscher übergroß wurde. Die Reisen in den Harz hatten den Charakter von Ausbrüchen, sie kündigten das große Ereignis der ›Flucht nach Italien‹ an, das in seinem Resultat die Wiedergeburt des Dichters Goethe und seinen Neuanfang als Wissenschaftler zeitigte.

Ausbruch und Lebenswende in Italien 1786/88

»Genug, das allgemeine Reise-Schicksal wird hier besonders fühlbar . . .«

Die längste, ereignis- und folgenreichste Reise in Goethes Leben war die erste italienische Reise von 1786 bis 1788. Über die weitreichenden Konsequenzen gerade dieser Fahrt für die Goethesche Existenz, für den Politiker und Naturwissenschaftler, für den Zeichner und Poeten ist viel geschrieben worden,[46] weniger dagegen über die speziellen Reiseumstände, über das kulturgeschichtliche Umfeld. Goethes Brief- und Tagebuch-Aufzeichnungen über Reisevorbereitung, Gepäck und Transportmittel, über Begegnungen und Gefahren unterwegs bilden die Grundlage der folgenden Darstellung; sie werden ergänzt durch Notizen und Bemerkungen anderer Italienreisender.

DIE REISEVORBEREITUNG

»Diese Reise ist würklich wie ein reifer Apfel, der vom Baum fällt . . .«

»Den 3. September 1786. Früh drei Uhr stahl ich mich aus Karlsbad« (WA I 30, 5) – so beginnt Goethes ›Italienische Reise‹. Das Hastige, Abergläubisch-Eilige des Aufbruchs – »da meine Reise eigentlich eine Flucht war« (WA I 30, 20) – drückt sich in weiteren expressiven Verben und Wendungen aus: In Karlsbad »warf« er sich in eine Postchaise, im Münchener Antikensaal wollte er »nicht verweilen und Zeit verderben«, bis zum Brenner fühlte er sich »gleichsam gezwungen«, vorwärts zu hasten, nach Innsbruck »rasselte« die Kutsche in höchster Eile hinab, am Brenner fühlte er sich »auf der Gränzscheide des Südens und Nordens eingeklemmt« (WA I 30, 5, 10, 15, 16, 18); auf Teutschen hetzte er »wie der Schuhu« in nächtlich-halsbrecherischer Fahrt zu, »daß einem oft Hören und Sehen verging«, und dennoch »freute« es ihn, heißt es im Tagebuch für Frau von Stein, »daß wie ein Wind hinter mir her blies und mich meinen Wünschen zujagte«. (WA III 1, 173)

Reiste Goethe also unvorbereitet, überhastet nach Italien? Folgt man den Apodemiken jener Jahre und den überlieferten Nachrichten, wie man zeitgemäß eine Reise, und zumal eine derartig weite Fahrt vorbereitete, so war Goethe in der Tat ungenügend auf das Kommende eingerichtet, was er in Einzelfragen selbst auch sehr bald eingestehen mußte. Der Göttinger Gelehrte August Ludwig von Schlözer hielt jahrelang ein vielbesuchtes Reise-Kollegium, in dem die Hörer, ebenso wie in Heinrich August Ottokar Reichards ›Reisehandbuch für Jedermann‹, folgende Hinweise zur optimalen Reisevorbereitung dargeboten bekamen: Anfertigung eines Reiseplanes mit exakter minutiöser Fixierung der Routen, der Poststationen, der Aufenthalte sowie eines Kostenüberschlags unter Berücksichtigung der unterschiedlichen Geldsorten. Pässe und Empfehlungsschreiben waren zu besorgen, die Polizei- und Zollbestimmungen einzusehen, die Sprache des zu bereisenden Landes sollte wenigstens in gängigen Wendungen beherrscht werden. Passende Kleidung war auszuwählen, Kisten und Koffer sowie Waffen mußten beschafft werden. Nicht zuletzt hatte ein jeder zu entscheiden, ob mit eigener, Miet- oder Postkutsche zu fahren und ob es tunlich sei, allein oder in Begleitung zu reisen. Hygienische, klimatische und Verpflegungsfragen galt es zu überdenken, unter Umständen das Testament anzufertigen.[47]

Der guten Ratschläge gab es genug, und auch an Kuriositäten mangelte es nicht: Gegen die Müdigkeit empfahl man, Beifuß in die Schuhe zu legen, vor dem Trinken von unreinem Wasser sollte man darin vorher Knoblauch einlegen, beim Schlafen könnte ein Mundtuch vor dem Eindringen von Ungeziefer in den Körper schützen, und ausdrücklich gewarnt wurde vor ›Sauf- und Venuskrankheiten‹.[48]

Goethe war also nach den zeitgemäßen Vorstellungen keinesfalls genügend ausgerüstet, als er sich mit sehr wenig Gepäck nachts inkognito auf die Fahrt begab. Wir wissen heute, daß er andererseits bestens vorbereitet war, nach Italien aufzubrechen: Von Kindheit an mit der italienischen Sprache vertraut, belesen in landeskundlichen Fragen, seinen ›Volkmann‹[49] als handlichen Kunstführer in der Tasche, physisch größten Belastungen gewachsen, psychisch auf Widrigkeiten eingestellt, beseelt von dem alles beherrschenden Gedanken, Rom, die ›Hauptstadt der Welt‹, zu erreichen, finanziell wohlausgestattet, seinen Diener Philipp Seidel, den einzigen Mitwisser, als helfend-organisatorischen Mitarbeiter in Weimar einbeziehend, ohne hinderliches Gepäck, als unbekannter Maler Möller reisend – so hatte sich der erst nachträglich beurlaubte sachsen-weimarische Minister alle Voraussetzungen geschaffen, das große Unternehmen erfolgreich zu bestehen. Wie sehr es dieser sich über Jahre hinziehenden Reisevorbereitung zu verdanken war, daß er die Italienreise mit größtmöglichem Gewinn bewältigen konnte, zeigt auch der Vergleich mit anders angegangenen Italienreisen, etwa der Herders oder Stolbergs. Goethes poetisches Bild vom reifen Apfel, der gerade zur rechten Zeit »vom Baum fällt« (WA IV 8, 29), war hinsichtlich seiner Italienreise völlig zutreffend gewählt.

DAS GEPÄCK

». . . nur einen Mantelsack und Dachsranzen aufpackend . . .«

Nur das Notwendigste konnten die beiden Gepäckstücke enthalten, die Goethe aus Karlsbad mit auf die Reise nahm. Neben einigen Manuskripten – ›Tasso‹ und ›Faust‹ waren u. a. dabei – dürften unentbehrliche Reiseutensilien wie persönliche Papiere, die wichtigste Garderobe usw. dazugehört haben. Er reiste in der für Karlsbad üblichen Kleidung ab, merkte aber recht bald, daß er damit auf italienischem Boden auffiel. Besonders die Stiefel waren ständig im Blickpunkt, so in Verona, »da man sich derselben als einer teuern Tracht nicht einmal im Winter bedient« (WA I 30, 75). Diese Aufmerksamkeit konnte dem Reisenden, der sich unerkannt auf Rom zubewegen wollte, nicht erwünscht sein; auch die klimatischen Bedingungen diktierten eine Veränderung. Für Charlotte von Stein notierte er in Trient: »Es macht schon hier niemand mehr die Türen zu, die Fenster stehn immer offen etc. Es hat kein Mensch Stiefeln an, kein Tuch-Rock zu sehn. Ich komme recht wie ein nordischer Bär vom Gebirge. Ich will mir aber den Spaß machen, mich nach und nach in die Landstracht zu kleiden.« (WA III 1, 180) Schon in Regensburg hatte sich Goethe zum Kauf eines »Choffregens« genötigt gesehen, »das mich recht freut«. (WA III 1, 151) In der Tat sind Dachsranzen und Mantelsack damals sehr bescheidene Reisebehältnisse gewesen, wie sie allenfalls Fußreisende mitführten. Allgemein wurden solche Dinge zur Mitnahme empfohlen wie Reiseuhr, Fernglas, Landkarten, Schrittzähler, Reisebesteck, Schlafrock, leinenes Unterzeug, Schlösser, eine Reiseapotheke, Reise- und Wörterbücher sowie ein sogenanntes Augsburger Reiseservice[50] mit diversen kosmetischen Artikeln, wie es später wahrscheinlich auch in Goethes Besitz gewesen ist.[51]

Noch weiter ging Reichard in seinem Handbuch: Für wohlsituierte Reisende mit eigener bzw. gemieteter Kutsche empfahl er kurze, hohe Koffer, die sich gut aufschnallen und festschrauben ließen, eine Reiseschatulle mit Papier, Federn, Tinte, Lack, Visitenkarten usw., die von innen an Tischen oder andern Möbeln festschraubbar sein sollte; weiterhin einen Nachtsack (mit Nachtwäsche), einen Mantelsack (mit Regenkleidung), einen Bettsack (mit Bettwäsche), ja sogar ein zusammenklappbares Bettgestell, »um sich vor dem kriechenden Ungeziefer zu sichern, wovon zuweilen die Wirtszimmer wimmeln«.[52]

All diese Hinweise, einschließlich der hygienischen Probleme, auf die später noch einzugehen ist, waren speziell für Italienreisende nicht von der Hand zu weisen; Goethe sollte diese Erfahrung noch machen. Hinsichtlich seines Gepäcks hat er es aber offensichtlich verstanden, die Reise bis Rom ohne übermäßiges Anwachsen der Bagage zu bewerkstelligen. Anders wäre die auffällige Unkompliziertheit seines Vorwärtskommens mit den von ihm gewählten Reisemitteln kaum möglich gewesen.

DIE REISEMITTEL

». . . man wird, wie vor Jahrhunderten, noch immer fortgeschaukelt . . .«

Bezüglich der Beförderung riet Goethes Reisehandbuch, Volkmanns ›Historisch-kritische Nachrichten von Italien‹, zu einer »Chaise mit halbem Verdecke und zwei Rädern«, in der zwei Personen bequem reisen könnten und wo »hinten zween große Koffer aufgepackt werden können«. »Eigne Wagen mit vier Rädern zu führen ist den Reisenden schwerlich anzuraten, weil es wirklich mit Gefahr verknüpft ist. Die Postillions wissen solche nicht gut zu regieren . . .«[53] Wieder war Goethe gut beraten, diesem Hinweise zu folgen. So wird in der ›Italienischen Reise‹ berichtet, daß er z. B. auf der Strecke von Vicenza nach Padua »ein einsitziges Chaischen, Sediola genannt, mit meiner ganzen Existenz gepackt« (WA I 30, 86), benutzt habe. In Perugia notierte er für Charlotte von Stein: »So muß ich Dir einmal eine Beschreibung eines Vetturin-Fuhrwerks machen und seine Genealogie, wie ich sie mir ausgedacht habe, und es fällt keinem Menschen ein, diese Art Fuhrwerk zweckmäßiger, Menschen und Tieren bequemer und ihrem Besitzer vorteilhafter zu machen . . .« (WA III 1, 321 f.) In der ›Italienischen Reise‹ hat Goethe diese Genealogie später nachgeliefert: »Das Fuhrwerk der Vetturine, welches noch Sedia, ein Sessel heißt, ist gewiß aus den alten Tragsesseln entstanden, in welchen sich Frauen, ältere und vornehmere Personen von Maultieren tragen ließen. Statt des hintern Maultiers, das man hervor neben die Gabel spannte, setzte man zwei Räder unter, und an keine weitere Verbesserung ward gedacht. Man wird, wie vor Jahrhunderten, noch immer fortgeschaukelt ...« (WA I 30, 187) Goethe gebrauchte neben der Postkutsche und der eben erwähnten Sediola je nach Gelegenheit weitere günstige Beförderungsmittel, so von Malcesine bis Verona ›Saumrösser‹: »Weil ich der kleinen schlechten Wirtshäuser und ihrer Teurung satt hatte, eilt ich fort und, mein Gepäck auf ein Maultier geladen, mich auf ein andres, kam ich ... in gewaltiger Hitze hier in Verona an ...« (WA III 1, 185 f.)

Zum Überqueren des Gardasees nutzte er ein kombiniertes Ruder-Segelboot, bis Ferrara das venezianische Kurierschiff, und bis Rom war es dann wieder die Sediola der Vetturine, der bewährten italienischen Fuhrleute.

»Die beste und bequemste Art zu reisen in Italien ... war und ist das Reisen mit Vetturins«[54], formulierte recht entschieden Reichard. Nicht nur der eigenen Reiseregie, was Zeitplan und Streckenführung anging, sondern auch der in Italien gängigen Fuhrmannspraxis[55] wegen bestand diese Aussage zu Recht. Karl Philipp Moritz – er traf wenig später als Goethe in Rom ein – weilte gleichfalls von 1786 bis 1788 im Land. Er beschrieb mehrfach sehr detailliert, wie Fuhrleute gedingt wurden. So erhielt kurioserweise der Reisende vom Kutscher ein symbolisches Handgeld, die ›kappera‹, das im Falle des Rücktritts von der beabsichtigten Fahrt doppelt zurückerstattet werden mußte.[56] Es war üblich, in den vereinbarten Fuhrpreis die Kosten für Verpflegung und Nachtlager einzubeziehen, ebenso alle Wege-, Brücken-, Tor-, Fähr-, Paß- und sonstigen Gelder und Zölle bis hin zu den Schmier- und Bestechungsgeldern, so daß das leidige Feilschen mit den Wirten und Dienststellen Sache des Vetturins wurde, der sich aus eigennützigen Gründen nicht übervorteilen lassen wollte. Es liegt auf der Hand, daß dieser Brauch besonders für Reisende, die der Landessprache nicht mächtig waren, höchst vorteilhaft war. Volkmann betonte den Wert dieser Regelung, »weil man sonst bei dieser Gelegenheit entsetzlich überteuert wird«[57], und Goethe schrieb im November 1787 an den Weimarer Geheimen Rat Friedrich Hildebrand von Einsiedel, dem er einen zuverlässigen Italiener als Reisebegleiter für die geplante Reise der Herzoginwitwe Anna Amalia empfehlen wollte: »Er wird Dir ... alle Last des Einrichtens und Marktens pp. abnehmen, welche würklich in Italien unerträglich ist; wenn man nicht einen Italiäner an die Italiäner hetzt, so kommt man nicht fort.« (WA IV 8, 287 f.) Moritz wiederum hatte diesbezüglich unterschiedliche Erfahrungen sammeln können: »Der Vetturin mit der bösen Physiognomie ... machte ein grimmiges Gesicht, als ich bei dem ersten Schlagbaum vor Bologna mich weigerte, das Wegegeld zu bezahlen, und mich auf meinen schriftlichen Kontrakt berief. – Er fuhr langsam weiter und sahe sich von Zeit zu Zeit sehr unfreundlich nach mir um. Dies machte mir kein Vergnügen ...«[58] Mit den meisten seiner Fuhrleute war aber auch er bestens ausgekommen.[59]

Wie beschwerlich das Reisen in Italien jedoch werden konnte, wenn man diesen Winken nicht folgte, haben andere Rompilger erlebt. Johann Gottfried Herder, der unmittelbar nach Goethes Rückkehr 1788 gen Süden aufbrach, befand sich in Gesellschaft zweier Weimarer Hofleute, des Herrn von Dalberg und der Frau von Seckendorff, die standesgemäß reisten. Die Umstände der Fahrt ließen Herder ständig klagen. An seine Gattin schrieb er aus Verona, die Reise mit einer solchen Frau – der Seckendorff – sei »die unvernünftigste Sache ..., die sich denken läßt«. Und weiter: »Mit einem Vetturin zu reisen, wie Goethe gereist ist, muß eine ganz andere Sache sein als jetzt unter solchen Umständen al Barone, wo man geprellt werden muß, sobald man nur die Arche Noah von 6 Personen, Männer und Weiber, von außen mit Gold eingefaßt und entsetzlich beladen, ansichtig wird.«[60]

Der 1815 durch Italien reisende Breslauer August Wilhelm Kephalides vertrat gleichfalls Goethes Auffassung: Die Vetturine führen zwar langsam, wodurch man aber andererseits das Land besser kennenlernen würde; ihre Sorge für Unterkunft und Beköstigung sei fast unbezahlbar, der Gepäcktransport großzügig, wie überhaupt das Landkutscherwesen in Italien sehr gut eingerichtet sei, »so daß man also, zusammt der Kost, eine teutsche Meile, in einem höchst bequemen Federwagen, um höchstens acht bis zehn gute Groschen zurücklegt, wofür man in Teutschland bekanntlich kaum das Recht erkauft, auf einem donnernden Postkarren dermaßen zermalmt zu werden, daß einem beinahe die Eingeweide aus dem Leibe fallen möchten«.[61] Nicht nur der »donnernde Postkarren« führte zu den Klagen über das deutsche Postwesen; neben den schlechten Straßen waren die Grobianismen der Kutscher sprichwörtlich, denen die der Fahrgäste nicht nachgestanden haben dürften – man denke auch an Puschkins Erzählung ›Der Postmeister‹.[62]

Eine ganz andere Reiseauffassung als die Goethes deutete sich bereits bei der Herderschen Gesellschaft an. Althergebracht reiste man aus Gründen der Konvenienz standesgemäß, d. h. der Adel in eigener Kutsche, wobei man von Land und Leuten wenig erfahren konnte. Friedrich Leopold Stolberg, einer von Goethes Gefährten während der ersten Schweizreise 1775, weilte von Juli 1791 bis Ende 1792 in Italien; begleitet von seiner jungen zweiten Frau – sie wurde im Verlauf der Reise schwanger und gebar das Kind dann tot –, dem Sohn aus erster Ehe und weiteren zwei Begleitern bewegte er sich durch Italien. »Im kommoden Reisewagen verweilend, dem geselligen Gespräch, ausgesuchter Lektüre und konzentrierter Aufzeichnung im Reisejournal zugewandt, dazu vielfach empfohlen, empfangen, bewirtet, umhergeführt, ließ sich ohne Frage angenehm reisen«[63], merkte ein Forscher dazu an. Ähnlich reiste der schon erwähnte Göttinger Schlözer, der ›Reisewissenschaftler‹, nach Italien: Der beleibte sechsundvierzigjährige Professor, begleitet von Tochter, Diener und drei Studenten, entschied sich bei seiner Fahrt 1781/82 standesgemäß für die Kutsche, hatte in den Briefen an die Gattin aber nur zu schimpfen und zu schelten: ». . . die Menschen sind so scharmant! Von Augsburg an bis nach Italien prellten uns die Leute wie Höllen-Teufel, wie Göttinger!« Und knapp sechs Wochen später wehklagte er: »Niemand bringt einen in Italien um, aber das Prellen, die Sauerei, das Hundefressen: allmächtiger Gott, das ist arg! Lieber will ich künftig in die Tartarei . . . Bratwürste und Wein erhalten mich seit Padova. Sauerkohl, Milch, Tee, ist alles vorbei! Kein Borsdörfer, kein Kuchen: nur Stroh in den Betten, keine Öfen. Nein, so teuer mag ich nichts mehr lernen . . . O Du bist ein glücklicher Mensch! Du hast gestern den Kastraten nicht gehört und heute nicht das Stück von Raffael gesehen, aber dafür – gut gegessen und auf Federn geschlafen!«[64]

Aus Goethe dagegen sprach der intensive Beobachter, der Naturwissenschaftler und Zeichner, als er über diese Art, ein fremdes Land kennenzulernen, angesichts eines alten Franzosen spottete: »Der reis't nun auch! Und ich betrachtete mit Erstaunen, wie man reisen kann, ohne etwas außer sich gewahr zu werden . . .« (WA I 30, 148)

Diese sogenannten literarisierten Reisen bedeuteten die Mitnahme des gewohnten Alltags auf die Reise; Georg Forster sprach vom »Gelehrten, der auf seinem Studierzimmer reiset«[65]. Auf Schlözer oder Stolberg traf dies gewiß zu. Diesen Reisenden war das Ziel wichtiger als die Fahrt, das Bestätigen bereits bekannten Wissens erhebender als der Erwerb von neuem. Johann Kaspar Riesbeck schrieb 1784 zu diesem Phänomen: »Da fahren sie die Heerstraßen einher, fahren in ihren wohlverschlossenen Wagen, als wenn sie, wie Freund Yorick, dem Tode entfliehen wollen, brüten in dem Gewölke ihrer Ausdünstungen Grillen aus, die sie uns dann für ächte Produkte des Landes geben, welches sie mit Extrapost durchreist haben.«[66]

In völligem Unterschied dazu die Goethesche Reisepraxis, die sich auf Jean-Jacques Rousseau zurückführen läßt: »Ich brauche keine bequemen und galanten Straßen, ich gehe überall da, wo ein Mensch durchkommen kann; ich sehe alles, was ein Mensch sehen kann, und nur von mir selbst abhängig, genieße ich alle Freiheit, die ein Mensch genießen kann«[67], steht in ›Emile oder über die Erziehung‹. Bei Goethe findet sich analoges bürgerliches Gedankengut; an Seidel schrieb er am 18. September 1786: »Es ist mir eine gute Übung, allein zu sein, da ich für mich selbst sorgen, alles selbst tun muß, nachdem ich mich solange haben gängeln und bedienen lassen.« (WA IV 8, 29) Und im Brief an die Herders steht wenig später die wichtige Aussage: ». . . meine völlige Entäußerung von aller Prätention machen mich hier höchst im stillen glücklich.« (WA IV 8, 50 f.) Bezogen auf die Reisemittel hieß das: weg von der Kutsche, hinaus unter die Menschen und an die frische Luft, in die Natur des bereisten Landes. »Mit den Vetturinen ist es eine leidige Fahrt; das beste, daß man ihnen bequem zu Fuße folgen kann. Von Ferrara lass' ich mich nun immer bis hierher so fortschleppen« (WA I 30, 187), schrieb er in der ›Italienischen Reise‹. Damit war die Fußreise als Ideal vorgegeben; Johann Gottfried Seume hat sie 1801 mit seinem ›Spaziergang nach Syrakus‹ konsequent praktiziert.

11. Venedig
Bleistift, schwarze Kreide; 1786
Inv. Nr. 155

DIE GASTHÄUSER

»... denn zuletzt hatt' ich doch des Wirtshauslebens satt.«

Volkmanns Reisebuch warnte den Italienreisenden vor »elenden Betten und der schlechten Verkostung«[68], traf aber damit nur die halbe Wahrheit. Goethe zumindest, der entschlossen war, sich durch Verdrießlichkeiten nicht am Genuß hindern zu lassen, kam mit dem südlichen Speisenangebot durchaus auf seine Kosten, ganz im Gegensatz etwa zu Schlözer. Bereits während der Aufenthalte in Torbole und Venedig und später noch öfter finden sich Lobpreisungen auf Feigen, Forellen usw.: »Mein eigentlich Wohlleben ist aber in Früchten; Feigen eß ich den ganzen Tag. Du kannst denken, daß die Birn hier gut sein müssen, wo schon Zitronen wachsen.« (WA III 1, 184) Unter dem 18. April 1787 vermerkte er in Palermo: »Vom Essen und Trinken hier zu Land hab' ich noch nichts gesagt, und doch ist es kein kleiner Artikel. Die Gartenfrüchte sind herrlich, besonders der Salat von Zartheit und Geschmack wie eine Milch; man begreift, warum ihn die Alten Lactuca genannt haben. Das Öl, der Wein alles sehr gut, und sie könnten noch besser sein, wenn man auf ihre Bereitung mehr Sorgfalt verwendete. Fische die besten, zartesten. Auch haben wir diese Zeit her sehr gut Rindfleisch gehabt, ob man es gleich sonst nicht loben will.« (WA I 31, 125)

Auf Sizilien war bei der Versorgung freilich oft Improvisation gefragt: »Wir hatten unterwegs eine Henne gekauft, der Vetturin war gegangen, Reis, Salz und Spezereien anzuschaffen, weil er aber nie hier gewesen, so blieb lange unerörtert, wo denn eigentlich gekocht werden sollte, wozu in der Herberge selbst keine Gelegenheit war. Endlich bequemte sich ein ältlicher Bürger, Herd und Holz, Küchen- und Tischgeräte gegen ein Billiges herzugeben und uns, indessen gekocht würde, in der Stadt herumzuführen ...« (WA I 31, 173) Zur Verpflegung finden sich bei Goethe weitere interessante Hinweise, so z. B. solche auf »Pfützen von zusammengeleitetem Regenwasser« (WA III 1, 187), aus denen Mensch und Tier den Durst löschen mußten, Bemerkungen über das Verdünnen des Weins mit Wasser – von ihm »mit wahrhaft deutschem Erstaunen« (WA I 31, 149) registriert –, die niedrige Brotqualität oder das Verwürzen verschiedener Speisen bis hin zum Verkosten von Disteltrieben, denen aber kein Geschmack abgewonnen werden konnte. Vergebens jedoch wird man nach Klagen suchen: schlimmstenfalls tat Goethe Ernährungsprobleme mit der stoisch-trockenen Formulierung »frugales

12. Tor zwischen Vatikanstaat und Königreich Neapel
Bleistift, Feder mit Sepia, Sepialavierung; 1787
Inv. Nr. 2270

Mahl« ab.[69] Da er genießen, d. h. sehen und aufnehmen, sich bilden und sich formen wollte, und keine Probleme hatte, seinen Hunger zu stillen, drängten sich gastronomische Fragen, wie sie Schlözer bewegt hatten, nie in den Vordergrund. Daß der deutsche Gaumen in Italien nicht immer auf seine Kosten kam, ist bei Kephalides nachzulesen. Er beschreibt ein »spärliches Mahl schlechten Brotes mit Pferdekäse und Marsalawein«, das er mit seinen Reisegefährten während einer Rast auf Sizilien einnahm, und erklärt dazu: »Das Brot in Sizilien wird von Speltmehl, wie im ganzen Süden Europas, ohne Sauerteig bereitet und hat deshalb, so unendlich fein und weiß es auch in Palermo ist, einen süßen, widerlichen Geschmack. Im Innern der Insel, wo es noch grob ist und schlecht gebacken wird, ist es kaum genießbar. Ebensowenig taugt der Pferdekäse, wie die Sizilianer ihn nennen: Kasch-kavall, für unsern Gaumen; erträglicher wäre die Ricotta aus gelabter Milch, wenn sie nicht einen unausstehlichen bokkenzenden Geruch hätte.« Der »elende Wein‹ mache »alle Muskeln zusammenschrumpfen«, Fisch gebe es, Fleisch aber sei in der Regel Mangelware und werde entsprechend gehandelt: ›Drei bis vier Mal wurde ein Stück Fleisch aus dem Topf hervorgeholt, ehe wir uns über den Preis vereinigen konnten, und dabei über die Güte desselben, über Suppe und Brühe hin und her disputiert.«[70] Kephalides akzeptierte diese gastronomische Taktik sehr wohl und räumte ein, daß auch in Deutschland Übervorteilung gang und gäbe sei, obwohl dort – ganz im Gegensatz zu Italien – sogar eine »polizeiliche Taxe« existiere.[71]

Goethe seinerseits beschrieb sehr ausführlich die neapolitanischen Schmausfeste mit der appetitlich-phantastischen Präsentation der Wurst- und Fleischwaren. Makkaroni verkaufe man »fast an der Ecke jeder großen Straße« (WA I 31, 268), dazu Fisch und Backwerk, besonders aber würden Fleischwaren lüstern betrachtet. Daß es die deutschen Besucher dabei nicht bewenden ließen, sondern Luthers Wort von deutscher Freßlust im Ausland bestätigten, erfährt man aus Briefpassagen von Johann Friedrich August Tischbein an Goethe: »Gestern und heute war ich an einer Tafel, wo gefressen ist worden, daß ich erstaunt bin, ein sündiger Überfluß war da. Kniep saß auch dabei und übernahm sich so, von allen den leckern Speisen zu essen, daß ich fürchtete, er platze; aber ihn rührte es nicht . . .« Und wenig später: »Heute ist schon alles aufgefressen worden, was gestern verkauft wurde, und man sagt, morgen sei die Straße wieder so voll als sie gestern war.«[72]

Wie sah es aus, dieses so beklagte Wirtshausleben? Goethe berichtete z. B. von Caltanisetta, wo sie sich »abermals vergeblich um eine leidliche Herberge bemüht« hatten: »Die Maultiere stehen in prächtig gewölbten Ställen, die Knechte schlafen auf dem Klee, der den Tieren bestimmt ist, der Fremde aber muß seine Haushaltung von vorn anfangen. Ein allenfalls zu beziehendes Zimmer muß erst gereinigt werden. Stühle und Bänke gibt es nicht, man sitzt auf niedrigen Böcken von starkem Holz, Tische sind auch nicht zu finden. [–] Will man jene Böcke in Bettfüße verwandeln, so geht man zum Tischler und borgt so viele Bretter, als nötig sind, gegen eine gewisse Miete. Der große Juchtensack, den uns Hackert geliehen, kam diesmal sehr zugute und ward vorläufig mit Heckerling angefüllt.« (WA I 31, 172 f.) Bei Goethe finden sich noch weitere Bemerkungen über die meist elenden Herbergen in Italien, die, nur dürftig ausgestattet und ungeheizt, besonders im Winter, da ohne Verglasung der Fenster, sehr ungastlich waren. In der kühlen Jahreszeit sei es »überall besser« als »in den Zimmern, die, ohne Ofen und Kamin, uns nur zum Schlafen oder Mißbehagen aufnehmen« (WA IV 8, 129), schrieb er im Januar 1787 an den Weimarer Freundeskreis.

Wesentlich bissiger als Goethe äußerten sich andere Italienreisende zu diesem Problem. Herder klagte z. B., sie hätten in Loretto »sehr unrein, garstig und schlecht logiert«, in Macerata »schlecht und teuer«;[73] Hager meinte, die Gasthöfe auf Sizilien seien so miserabel, daß man nur in Klöstern nächtigen könne.[74] Goethe selbst war beispielsweise in Messina nur deshalb in den Genuß einer Matratze gekommen, weil der dienstfertige Vetturin diese »dem Wirte unter dem Leibe weggeschwatzt hatte« (WA I 31, 204). Der Kuriosität halber sei hier die Schilderung eines französischen Reisenden ausführlich zitiert:

»Meine Leute hatten sich eines Bettes bemächtigt, das sie nur mit Mühe für mich erhalten konnten, weil mehrere Reisende es zu haben wünschten. Und dies so ausgezeichnete, so gewünschte, so schwer zu behauptende Bett war – eine steinerne Bank in einem Pferdestall, hinter dessen Eingang man die Küche aufgeschlagen hatte. Mauleseltreiber und andere Leute dieser Gattung beiderlei Geschlechts bereiteten sich hier selbst ihre Mahlzeit.

Ich legte mich und hoffte vergebens, daß meine Ermüdung mich auch auf steinernem Lager den Schlaf finden lassen würde. Die lärmende Freude der Gäste, welche ihr Abendessen singend verzehrten und vom Übermaß des Weins und der Fröhlichkeit zu Streitigkeiten und Schlägereien übergegangen waren, ließ mich kein Auge zutun. Endlich ward es stille, und alles legte sich. Es war schon ziemlich spät, ungefähr 11 Uhr. Um mich her lagen meine Leute auf dem Boden des Stalles. Die Menschen schnarchten, die Pferde fraßen, die Maultiere ließen die ungeheuren Schellen ihrer Halftern ertönen.

Ungeachtet all dieses Getöses war ich endlich doch eingeschlafen, aber jetzt kam's schlimmer. Ein fürchterliches Getümmel, ein Brüllen, ein heftiges Schlagen machte das ganze Gebäude zittern, und alles erwachte wieder, von allen Seiten hörte man Geschrei. Ein Pferd, das sich auf die Streu legen wollte, hatte sich so sehr in die Halfter verwickelt, daß es Gefahr lief, zu ersticken. Es fühlte das Gefährliche seiner Lage, es schlug um sich und versuchte zu wiehern. Dies Tier allein war Ursache des ganzen Aufruhrs. Das Geschrei des Eigentümers, das Schmähen und der Zorn der aus dem Schlafe gestörten Anwesenden vermehrten das Getümmel.«[75]

Karl Friedrich Schinkel vermerkte später ganz allgemein, daß die Herbergen ohne die Gesellschaft seiner Reisegefährten »in Folge zahlloser Unreinlichkeiten kaum zu ertragen gewesen wären«[76], und er wußte von einer Übernachtung in Castro Giovanni, wo überhaupt kein Gasthof existierte, folgendes zu erzählen: »Mit vieler Mühe erhielten wir das breite, schmutzige Ehebett eines armen Bürgers, der sich bequemte, mit seiner ganzen Familie für diese Nacht im Kuhstall zu ruhen. Ein jeder von uns nahm den vierten Teil des Bettes ein, um seine matten Glieder auszustrecken. Was wir aber vom Ungeziefer und anderen Unbequemlichkeiten litten, ist ohne Beschreibung begreiflich.«[77]

Kephalides schrieb über diese Plagen recht derb und drastisch: »Des Nachts lagerten wir auf einigen stinkenden Matratzen am Boden, um uns her schnarchten die Köhler, als ob sie gewürgt würden; dies Ungemach also war für uns als eine Kleinigkeit zu achten gegen die gräßliche Pein, welche die Flöhe uns verursachten, denn gleichsam herdenweise fielen sie unsere Leichname an ... In der Tat, wer nicht in Italien gewesen ist, kann kaum eine anschauliche Idee von der unaussprechlichen Unverschämtheit dieser kleinen Tiere haben. In Kaffeehäusern, Theatern, Tanzsälen und auf dem Estrichboden der Zimmer wimmelt es von Tausenden solcher Insekten; da sie sehr hungrig sind, so springen sie mit großer Begierde an den Leib hinauf und plagen einen auf das jämmerlichste ...«[78] In einer anderen Herberge waren ihnen zu Unrecht bessere Verhältnisse versprochen worden: »... durch einen Pferdestall stiegen wir eine halsbrechende Treppe hinan in einen Hausflur, der zum Schweinestall eingerichtet war, so daß uns diese Tiere die ganze Nacht vormusizierten, und in unserer Stube bereitete man uns ein Lager von faulem, mulmigtem Strohe und einigen stinkenden, knotigen Matratzen . . .«[79] Einmal mußte der Gasthof wegen eines entdeckten Skorpions gewechselt werden,[80] ein andermal stachen sie »Flöhe in Menge . . . bunt wie Schleien«[81]. Reichard empfahl z. B. gegen die Wanzen in Gasthöfen folgendes Verfahren: »Man meide Betten mit Himmel, rücke die Bettstatt in die Zimmermitte, schiebe Kampfer zwischen Bettuch und Matratze, und man lasse drei bis vier Lichter des Nachts brennen.«[82]

Goethe, der zwar auch von »behaglichen« Wirten und »wohleingerichteten« Gasthöfen zu berichten wußte,[83] war dennoch realistisch, als er am 17. November 1787 an Herzog Karl August schrieb: »Ich bin nun über ein Jahr im Lande und weiß, was vornehme Reisende hier erwartet und wie schwer es für Fremde ist, Genuß, Menage und Anstand nur einigermaßen zu verbinden.« (WA IV 8, 293)

Während der ganzen Reise war zum Beispiel mit den unterschiedlichen Geldsorten zu rechnen und umzugehen: auf böhmischem Gebiet hatte man es mit Laubtalern und fiktiven Reichstalern, in Süddeutschland mit Gulden und den jeweiligen Teilstücken zu tun; in der Schweiz gab es Franken und Rappen, in Rom Scudi, Paoli und Bajocci, in Mailand und Parma Lire und Soldi, dazu kursierten beliebte Geldsorten wie goldene Louisd'or, pfälzische Karolin, deutsche Dukaten, italienische Zechinen oder die silbernen Maria-Theresien-Taler. Bei einem ›Kassensturz‹ in Rom registrierte Goethe 7 verschiedene Geldsorten in seiner Geldkatze.[84]

Man brauche eine Art »Maître Jacques« für das »Mechanische der Reise . . ., weil die Seccatur und Prellerei in Italien unendlich ist« (WA IV 8, 294), bekam Karl August zu hören. Rund 7000 Taler hat Goethe insgesamt in Italien verbraucht.[85] Das entsprach etwa drei seiner Jahreseinkommen, die weit über dem Durchschnitt lagen: Ein gutsituierter Bürger verfügte um 1800 über etwa 600 Taler jährlich.[86] Eine Reise wie die erste Italienreise Goethes war also durchaus nicht billig, und die meisten der deutschen Künstler in Rom klagten auch über Geldnot, trotz Mäzenen und Renten, über die viele verfügten.

DIE MENSCHEN

»Mir erscheinen die Italiäner als eine recht gute Nation . . .«

Auch über die Italiener existierten Ende des 18. Jahrhunderts in der deutschen Öffentlichkeit bestimmte Klischeevorstellungen, die sich über Jahrzehnte herausgebildet hatten. Dieses deutsche Italienbild[87] kritiklos zu übernehmen, war Goethe nicht bereit; er prüfte und beobachtete sehr genau, ehe er urteilte. In Neapel z. B. verglich er den ansonsten »guten und so brauchbaren Volkmann«, der von dreißig- bis vierzigtausend Müßiggängern in der Stadt sprach, mit der Realität. »Ich vermutete zwar sehr bald nach einiger erlangter Kenntnis des südlichen Zustandes, daß dies wohl eine nordische Ansicht sein möchte, wo man jeden für einen Müßiggänger hält, der sich nicht den ganzen Tag ängstlich abmüht. Ich wendete deshalb vorzügliche Aufmerksamkeit auf das Volk . . .« Goethe verfolgte systematisch von der Frühe an das Treiben der Lastträger, Kalessaren, Fischer, Schiffer, Eiswasserverkäufer, Krämer, Händler usw. und kam zu dem Schluß, daß nur wenige, dann aber »ganz alte, völlig unfähige und krüppelhafte Menschen« als Bettler angesprochen werden konnten. (WA I 31, 253 ff.) Sehr genaue Menschenbeobachtungen erfolgten von Anfang der Reise an. Am Gardasee bescheinigte er dem Volk ein »nachlässiges Schlaraffenleben«, aber keine Müßigkeit; im Theater fiel ihm »das lebendigste Publikum« auf mit viel Bravi, Lachen und Klatschen usw., und in Verona notierte er: »Übrigens schreien, schäkern und singen sie den ganzen Tag, werfen und balgen sich, jauchzen und lachen unaufhörlich. Die milde Luft, die wohlfeile Nahrung läßt sie leicht leben.« (WA I 30, 73)

Bereits am 22. September 1786 konstatierte er: »Ich habe nun erst die zwei italiänischen Städte gesehen und mit wenig Menschen gesprochen, aber ich kenne meine Italiäner schon gut. Sie sind wie Hofleute, die sich fürs erste Volk in der Welt halten und bei gewissen Vorteilen, die man ihnen nicht leugnen kann, sichs ungestraft und bequem einbilden können. Mir erscheinen die Italiäner als eine recht gute Nation: man muß nur die Kinder und die gemeinen Leute sehen, wie ich sie jetzt sehe und sehen kann, da ich ihnen immer ausgesetzt bin und mich ihnen immer aussetze.« (WA I 30, 85)

Dieses Offensein gegenüber dem besuchten Lande, die durch Sprachkenntnis und gewollt-bewußte Anpassung in der Lebensart erreichte Einfühlsamkeit in italienische Mentalität bewirkte in den Goetheschen Urteilen über Land und Leute eine hohe Objektivität und Sachlichkeit; freilich kam seiner eigenen Wesensart so manches italienische Ferment auch entgegen: »Wie moralisch heilsam ist mir es dann auch, unter einem ganz sinnlichen Volke zu leben, über das soviel Redens und Schreibens ist, das jeder Fremde nach dem Maßstabe beurteilt, den er mitbringt. Ich verzeihe jedem, der sie tadelt und schilt; sie stehn zu weit von uns ab, und als Fremder mit ihnen zu verkehren ist beschwerlich und kostspielig.« (WA I 30, 199) Goethe dagegen lebte nicht als Fremder in Italien, sondern mischte sich stets unter die Menschen, um seine »Absicht« zu erreichen: ». . . man muß das Volk nur untereinander reden hören, was das für ein lebendiges Bild des ganzen Landes gibt.« (WA I 30, 189) Vor allem war es die sprachliche Kommunikation, die ihm das ermöglichte: ». . . ich muß nun meine Sprachkünste versuchen. Wie froh bin ich, daß nunmehr die geliebte Sprache lebendig, die Sprache des Gebrauchs wird.« (WA I 30, 39)

Herder dagegen, dem die Landessprache fremd war, lebte in Italien wie ein Fremder und vermochte deshalb gegenüber seiner Frau Caroline nur zu klagen: »Goethe hat gut reden; alle seine Ratschläge in Ansehung Roms taugen nicht; er hat wie ein Künstlerbursche hier gelebt. Da schwätzt er und warnt mich vor dem schwarzen Rock, daß ich den meinigen nicht mitnehme, und nun muß ich mir hier einen machen lassen . . . und so hat er mehr geredet; ich habe mich manchmal schon über ihn geärgert, daß ein Mensch, der zwei Jahre in Rom gewesen ist, einen so ziehen läßt.«[88] Und knapp vier Wochen später heißt es: »Wie Goethe hier gelebt hat, habe ich Dir schon geschrieben, kann, mag und will ich nicht leben . . . Goethe spricht über Rom wie ein Kind und hat auch wie ein Kind, freilich mit aller Eigenheit, hier gelebet; deshalb er's denn auch so sehr preiset. Ich bin nicht Goethe, ich habe auf meinem Lebenswege nie nach seinen Maximen handeln können; also kann ichs auch in Rom nicht.«[89]

Auf Herders unglückliche Reiseumstände ist bereits verwiesen worden; und angesichts des oft schnellen Umschlagens seiner Stimmungslage sind diese Aussagen auch zu relativieren. So steht wenig später, wieder im Brief an Caroline, zu lesen: »Glaube auch nicht, daß ich etwas gegen Goethe habe: alles, was er sagt, ist wahr; und ich habe ihn lieb wie meinen Bruder.«[90] Aus diesen widersprüchlichen Aussagen wird begreiflich, daß Goethes Verständnis für italienische Besonderheiten auf Grund seiner Lebens- und Reisegewohnheiten sehr viel weiter entwickelt sein mußte als eben das Herders oder anderer, auf herkömmliche Art Reisender, die oft zu pauschal und zu schnell zu einem solchen Verdikt kamen, wie es Herder bereits am 28. Oktober 1788, nach knapp vier Reisewochen, formulierte: ». . . seit ich Italien kenne, bin ich sehr gern ein Deutscher.«[91]

Allein die hygienischen Zustände in den meisten Städten waren für Reisende aus dem Norden zunächst schlechterdings unbegreiflich: »Vorhöfe und Säulengänge«, bemerkte Goethe bereits in Verona, »sind alle mit Unrat besudelt« (WA I 30, 74), und auch an öffentlichen Gebäuden verrichte jedermann unbekümmert sein Bedürfnis. In Venedig fiel Goethe »die große Unreinlichkeit der Straßen auf« (WA I 30, 107), da der Kehrricht nur in die Ecken geschoben wurde. Er notierte: »Wenn ein Tag Regenwetter einfällt, ist ein unleidlicher Kot, alles flucht und schimpft, man besudelt beim Auf- und Absteigen der Brücken die Mäntel, . . . und da alles in Schuh und Strümpfen läuft, bespritzt man sich und schilt, denn man hat sich nicht mit gemeinem, sondern beizendem Kot besudelt.« (WA I 30, 141) In Palermo wurde der verdutzte Goethe von einem Italiener scherzhaft belehrt, daß die auf der Straßenmitte in dicken Schichten verfaulenden Stroh-, Rohr- und Küchenabfälle sowie anderer Unrat schließlich den Karossen des Adels eine »weiche Unterlage« böten. Zum kuriosen Gleichnis wurde ihm der Schmutz bei Gelegenheit einer Prozession, für die die Palermonenser einen »reinlichen Schlangenweg durch den Morast« geschaufelt hatten, um »unbesudelt durchschreiten« zu können: »Ich glaubte die Kinder Israel zu sehen, denen durch Moor und Moder von Engelshand ein trockner Pfad bereitet wurde, und veredelte mir in diesem Gleichnisse den unerträglichen Anblick, so viel andächtige und anständige Menschen durch eine Allee von feuchten Kothaufen durchbeten und durchprunken zu sehen.« (WA I 31, 145 f.) Die Ursache für diese Gleichgültigkeit vermutete Goethe, der nationalpsychologische Besonderheiten vor allem durch geographische Lage und klimatische Bedingungen geprägt sah, im »Übergefühl des Daseins«: das milde Klima, das Leben unter freiem Himmel, der Überfluß der Natur, die daraus erwachsende Sorglosigkeit und nicht als nötig erachtete Planung und Vorausschau.[92]

Spätere Italienreisende haben noch stärker, als Goethe das vermochte, soziale Ursachen für solche hygienischen Zustände ins Feld geführt – was im Zusammenhang mit der Politisierung der Reiseliteratur nach der Französischen Revolution zu sehen ist –, sofern nicht eine selektive Betrachtung dieses Problem bewußt ausklammerte.[93] Caroline von Humboldt beispielsweise beobachtete 1802 sehr aufmerksam die römischen Verhältnisse. Die von den Kriegsereignissen in Mitleidenschaft gezogene Bevölkerung, die Verwahrlosung, der Hunger, die hygienischen Zustände erregten ihr Mitgefühl. Sie ahnte noch nicht, daß im folgenden Jahr ihr eigenes Kind in Rom am Fieber sterben würde, als sie am 9. Dezember 1802 an Charlotte von Schiller schrieb: »Ich würde lügen, wenn ich Dir sagte, daß mir Rom als moderne Stadt unbedingt gefiele – Rom ist sehr groß und nichts weniger als schön, die Straßen sind winkligt und schmutzig und voller Gerüche. Alles sieht leer und öde aus, und die Armut auf den Gassen! Von diesem empörenden Anblick kannst Du Dir keinen Begriff machen. Die Teurung ist fürchterlich . . ., und Du wirst begreifen, daß der Hungertod etwas so Gewöhnliches hier geworden ist . . .«[94]

Auch Goethe hatte Szenen der Armut beobachtet und davon in der ›Italienischen Reise‹ aus Alcamo berichtet: »Hunde verzehrten begierig die weggeworfenen Schalen unserer Würste, ein Betteljunge vertrieb sie und speiste mit Appetit die Schalen der Äpfel, die wir verzehrten, dieser aber ward gleichfalls von einem alten Bettler verjagt . . . In einer zerlumpten Toga lief der alte Bettler hin und wider, als Hausknecht oder Kellner.« (WA I 31, 150 f.)

Kephalides konstatierte noch viel schreiendere soziale Mißstände, als er ein knappes Vierteljahrhundert später in Sizilien weilte. Der Bischof von Girgenti z. B. sei der reichste Mann des Ortes, die Bevölkerung dagegen arm und verwahrlost. Auf das Unchristliche des Zustands verweisend, schrieb er: »Vergelbte, dickbäuchige Kinder wälzten sich mit Schweinen zugleich in den schmutzigen Winkeln, während ihre braunen Mütter mit saurem Schweiß kaum die geringe Nahrung, die der milde Himmel verlangt, gewinnen können.«[95] Und er resümierte: »Man kann sich unmöglich einen deutlichen Begriff von dem Unflat und Gestank, der Armut und Elendigkeit machen, die vereinigt aus allen Winkeln solcher sizilianischen Nester, wie das unglückliche Girgenti, unsere Sinne anfallen.«[96] Kephalides hat im Ergebnis seiner Reise an anderer Stelle noch sehr ausführlich, sachlich und um Objektivität bemüht den italienischen Volkscharakter beurteilt.[97]

»... weil ich meist klar bin, ... so kann ich mehr tun und wagen als ein anderer.«

Gefährlich war eine Italienreise Ende des 18. Jahrhunderts allemal, und auch zu Beginn des 19. Jahrhunderts hatte sich daran nichts geändert. Dem Reisenden drohten allgemeine Gefahren, die mit den Beförderungsmitteln und dem Zustand der Straßen verknüpft waren; Gefahren für den Besitz, aber auch für Leib und Leben ergaben sich durch klimatische, natürliche und hygienische Besonderheiten sowie durch das seit Jahrzehnten in Italien, vor allem im Süden und auf Sizilien, verbreitete Räuberunwesen. Darüber hinaus waren selbst Polizei- und Zolldienststellen nicht immer als ungefährlich einzustufen.

Über die eilige Kutschenfahrt nach Süden und die Gefahrenmomente bei nächtlicher Eilpost mit schlafendem Postillion ist an anderer Stelle schon gesprochen worden. Beim Umstürzen der Kutsche kam es meist weniger zu Knochenbrüchen als zu Quetschungen durch umherstürzende Gepäckstücke, Kisten, Truhen oder sogar Heringsfässer.[98] Die wiederholten Warnungen an Italienreisende, nicht mit eigenen Fahrzeugen ins Land zu reisen, waren nicht nur im Unvermögen der Vetturine begründet, vierrädrige Fahrzeuge zu steuern, sondern hingen mit der Spurbreite zusammen. Da es in Italien keine festen, gepflasterten Straßen – etwa wie in Frankreich die ›Straßen des Königs‹ – gab, hatten sich auf den frequentierten Transportstrecken tiefe, eingefahrene Geleise herausgebildet, die besonders bei Regenwetter für Gefährte mit anderer Spurbreite zu einer großen, unberechenbaren Gefahrenquelle wurden. Goethe schrieb einmal aus Sizilien: »Die Wege waren entsetzlich, noch schrecklicher, weil sie ehemals gepflastert gewesen, und es regnete immer fort.« (WA I 31, 178) Meist jedoch waren es lediglich Fußstiege, »auf denen kaum zwei Pferde neben einander gehen können«[99]. Als erfahrener Reisender hat er nicht nur später vom geplanten Maltabesuch Abstand genommen, sondern überhaupt alle »schon früher überdachten Schwierigkeiten und Gefahren« (WA I 31, 171) zu vermeiden gesucht. Doch selbst für den mit Pferd Reisenden gab es kritische Situationen zu meistern, so bei Flußübergängen auf Sizilien, wo kaum Brücken zu finden waren.[100]

In eine wirklich lebensgefährliche Lage gerieten Goethe und Kniep während der viertägigen Seepassage von Sizilien nach Italien. Infolge einer Windstille bestand die Gefahr des Strandens und Zerschellens, und die retrospektive Bemerkung im Reisebericht, daß sie ihr »Schicksal mit Grauen« betrachteten, ist sicher nicht übertrieben. Nur durch Goethes couragiertes Auftreten scheint eine Panik unter den Passagieren verhindert worden zu sein.[101] Es nimmt nicht wunder, daß angesichts der mannigfaltigen Gefahren des damaligen Reisens viele Vorzeichen sehr ernst genommen worden sind. Goethe als Kind seiner Zeit machte hierbei keine Ausnahme. Besonders genau registriert wurde das Wetter, das für das Gelingen einer Reise von weit größerer Bedeutung war als in unseren Zeiten; »streifige« und »wollige« Wolken schienen Goethe beim Aufbruch »gute Anzeichen«, die Voraussage guten Wetters durch eine Harfnerstochter begriff er als »Omen«,[102] »das Glück«, »die Götter«, »höhere Mächte«, »gute Vorbedeutung« werden in diesem Kontext immer wieder angerufen oder vermerkt.[103] Goethe bekannte ganz allgemein: »Alles dieses läßt mich abergläubischen Menschen die wunderlichsten Erscheinungen sehn.« (WA IV 8, 33) Daß er »so sehr auf Wind und Wetter achthabe«, schrieb er in der ›Italienischen Reise‹, erkläre sich aus der Abhängigkeit des Reisenden von beidem (WA I 30, 11).

Die Palette der wohlmeinenden Ratschläge hinsichtlich des Wetters und der damit verbundenen Gefahren ist vielfarbig und wiederum nicht arm an Kuriositäten. Reichard schrieb: »Die Nachtluft ist überhaupt, nach dem Urteil der größten Naturforscher, mit schädlichen Ausdünstungen der Pflanzen,

Bäume und Moräste angefüllt, daher ist dieselbe meistens sehr ungesund.«[104] In der ›Kleinen Wetterkunde‹ für Reisende regte er u. a. die Beobachtung von Spinnen an: »Wenn die Winkelspinne in ihrem Gewebe uns den Kopf zeigt und die Füße weit hervorstreckt«, gebe es Schönwetter; »wenn sich die Winkelspinne in ihrem Gewebe ganz umkehrt und uns den Hintern zeigt, folgt anhaltender Regen.« Reichard ergänzte in einer Fußnote: »Je größer die Spinne ist, an der man seine Beobachtungen anstellet, desto besser ist es und desto sicherer sind die Wettervorbedeutungen.«[105]

Ob Goethe solchen Ratschlägen folgte, wissen wir nicht. – Neben den Wetterunbilden gab es gefahrdrohende Situationen, in die Goethe durch seine

13. Genzano (?)
Bleistift, Feder mit Tusche; 1787
Inv. Nr. 659

naturwissenschaftlichen Studien geriet. Höchste Lebensgefahr bestand, als er mit seinem Begleiter auf dem Gipfel des Vesuvs von einer Eruption überrascht wurde.[106] Gleiches war der Fall bei der Besteigung des Ätna, wo sie vom Sturm fast in den Abgrund gerissen worden wären.[107] Goethe freilich versuchte, gegenüber den Weimarer Freunden den Eindruck hoher Gefahr abzuschwächen, indem er sich selbst Souveränität bescheinigte: ». . . seid versichert, da wo ich gehe, ist nicht mehr Gefahr als auf der Chaussee nach Belvedere. ... Ich suche keine Abenteuer aus Vorwitz noch Sonderbarkeit, aber weil ich meist klar bin und dem Gegenstand bald seine Eigentümlichkeit abgewinne, so kann ich mehr tun und wagen als ein anderer.« (WA I 31, 24)

Erhebliche Gefahren erwuchsen den Reisenden von Menschen unterschiedlichster Couleur. In Malcesine geriet Goethe beim Zeichnen einer Ruine in Spionageverdacht und konnte sich nur durch rhetorische Salti daraus befreien;[108] später sah er sich in ein Verhör der verhaßten Sbirren gezogen, die ihm unter dem Vorwand, daß es sein »Handwerk sein möchte, Contrebande einzuschwärzen«, Trinkgelder abpreßten (WA I 30, 184 ff.). Ähnliches mußte Moritz erleben.[109] An das Schicksal Winckelmanns erinnernd, kam Goethe mehrfach auf die Morde in Rom zu sprechen, berichtete auch über die Erdolchung des Schweizer Medailleurs Schwendimann, nach der sich der Täter selbst gerichtet habe. »Das ist sonst hier nicht Mode. Der Mörder erreicht eine Kirche, und so ist's gut.« (WA I 30, 227) Daß es sich dabei keinesfalls um einen sensationellen Einzelfall handelte, erhellt Goethes Bemerkung in einer Theaterdiskussion: »Daß man andere totschlage, davon hätte ich fast Tag für Tag zu hören ...« (WA I 30, 225) Friedrich Münter berichtete, daß es 1785 in Rom 560 bekannt gewordene Morde gegeben habe.[110]

Die Aufzählung kritischer Momente während einer Reise ließe sich beliebig fortsetzen, nur wenige Beispiele seien genannt. In Wirtshäusern lauerten oft Gefahren auf die Reisenden, wie ein Betroffener berichtete.[111] In Süditalien lief man Gefahr, nordafrikanischen Sklavenjägern in die Hände zu fallen. Bei einer Übernachtung in den pontinischen Sümpfen schlief Tischbein »mit aller Furcht vor der ungesunden Luft« (WA I 32, 14). Goethe fürchtete in Rom eine »Verkältung« und nahm sich während des Karnevals wohlweislich vor den allerorts geworfenen Gipsdragees, vor schnell ausbrechenden Messerstechereien und den traditionellen Pferderennen in acht, wo infolge mangelnder Absperrung »Zuschauer ... ihr Leben eingebüßt« hätten. (WA I 32, 58, 259) Während sich Goethe gegen menschliche Angriffe notfalls mit zwei in seinem Besitz befindlichen Terzerolen hätte zur Wehr setzen können, wäre er gegen epidemische Krankheiten machtlos gewesen. In den Jahren seines Aufenthaltes gab es auch unter den Künstlern Todesfälle durch Blattern.[112]

Ähnliche Gefahrenquellen werden auch von anderen Italienreisenden beschrieben, und das oft dramatischer als bei Goethe. Dessen hochgeschätzter ›Mentor‹ von Riedesel bekam 1771 wegen der Räuber- und Mordgefahr auf Sizilien militärische Begleitung verordnet und wußte gleichfalls von der Gefährdung der Reisenden durch algerische und tunesische Menschenhändler zu erzählen.[113] Moritz verhehlte seine Angst vor »Mördern und Spitzbuben« nicht und entging mit knapper Not einer nächtlichen Falle.[114] Schinkel konstatierte – ein Ergebnis der Kriegswirren im Lande – in Norditalien eine Zunahme des Räuberunwesens durch abgemusterte Soldaten, desgleichen auf Sizilien, hatte sogar selbst Berührung mit Wegelagerern,[115] wie übrigens fast zur gleichen Zeit auch der fußwandernde Johann Gottfried Seume.[116] Kephalides gar berichtete 1815 mehrfach davon, daß in der Umgebung Roms die »Straßen mit den Vierteilen erhenkter Räuber ausgeziert waren«. Seine Reisegesellschaft erlebte den Überfall von Vaganten auf einen Kurier.[117]

Bereits bei Goethe angedeutete Gefahren tauchen in späteren Berichten erneut auf: Schinkel spielten die Visitatoren übel mit, er mußte seine Reise wegen des grassierenden gelben Fiebers unterbrechen und lebte in Furcht vor Skorpionen und Schlangen, hatte auch die Barbareskengefahr ins Kalkül zu ziehen.[118] Kephalides geriet in Kontakt mit einer ansteckenden Krankheit durch einen Mitreisenden.[119] Mangelhafte hygienische Bedingungen brachten Gefährdungen bei einer jeden Reise zur damaligen Zeit. Trinkwasser war in jedem Falle auf einwandfreie Herkunft zu prüfen. Reichard warnte z. B. vor Wasser aus Brunnen, in deren Nähe sich

»Mistlachen« oder »heimliche Gemächer« befänden. Wasser sollte sicherheitshalber immer mit Weinessig oder Zitronensaft versetzt werden. Selbst der Genuß von Wein war nicht unbedenklich: Es gab Fälle, wo durch Zusatz von Silberglätte Süße vorgetäuscht worden war.[120] Auch unter dem Gesichtspunkt erfolgreich bestandener Gefahren wurden weitgereiste Menschen seinerzeit als bemerkenswerte Persönlichkeiten allseits anerkannt.

DAS FAZIT

»Wenn ich diese Reise noch einmal machte, wüßt' ich's auch nun besser.«

Am 18. Juni 1788 traf Goethe wieder in Weimar ein. Eine Reise lag hinter ihm, die als langvorbereitete Flucht begonnen hatte, zur Bildungs- und Entdeckungsreise von ungewöhnlicher Intensität wurde und eine anhaltende Läuterung des Dichters bewirkte. Noch als Reisender hat er mehrfach Bilanz gezogen, Reiseerfahrungen zusammengefaßt und zu verallgemeinern gesucht. Das im Brief an Karl August vom 3. Februar 1787 enthaltene Gelübde, »nie wieder allein zu reisen« (WA IV 8, 171), erscheint einer Eingabe des Augenblicks geschuldet, denn unter anderen Umständen als den gegebenen hätte Goethe seine Italienreise schwerlich so erfolgreich bewältigen können.

Überzeugender klingen die Erklärungen, die Goethe kurz nach Antritt seiner Fahrt, am 25. September in Vicenza und am 29. Oktober in Perugia, im Tagebuch für Charlotte von Stein niederschrieb. Hier faßte er nicht nur seine Entschlossenheit, Rom unter allen Umständen zu erreichen, in Worte, sondern hier ist auch die programmatische Reiseauffassung formuliert worden, die der Künstler und Naturwissenschaftler wachen Auges praktizierte und die sich eben deutlich abhob von den Reisegewohnheiten vieler der Vorreisenden und Zeitgenossen:

»Jeder denkt doch eigentlich für sein Geld auf der Reise zu *genießen*. Er erwartet alle die Gegenstände, von denen er so vieles hat reden hören, nicht zu finden, wie der Himmel und die Umstände wollen, sondern so rein, wie sie in seiner Imagination stehen, und fast nichts findet er so, fast nichts kann er so genießen. Hier ist was zerstört, hier was angekleckt, hier stinkt's, hier raucht's, hier ist Schmutz etc., so in den Wirtshäusern, mit den Menschen etc.

Der Genuß auf einer Reise ist, wenn man ihn rein haben will, ein abstrakter Genuß; ich muß die Unbequemlichkeiten, Widerwärtigkeiten, das, was mit mir nicht stimmt, was ich nicht erwarte, alles muß ich beiseite bringen, in dem Kunstwerk nur den Gedanken des Künstlers, die erste Ausführung, das Leben der ersten Zeit, da das Werk entstand, heraussuchen und es wieder rein in meine Seele bringen, abgeschieden von allem, was die Zeit, der alles unterworfen ist, und der Wechsel der Dinge darauf gewürkt haben. Dann hab ich einen reinen bleibenden Genuß und um dessentwillen bin ich gereist, nicht um des augenblicklichen Wohlseins oder Spaßes willen. Mit der Betrachtung und dem Genuß der Natur ist's eben das. Trifft's dann aber auch einmal zusammen, daß alles paßt, dann ist's ein großes Geschenk, ich habe solche Augenblicke gehabt.« (WA I 31, 231 f.)

Vier Wochen später ergänzte Goethe, auf die Probleme einer Italienreise eingehend und sein ›Dennoch‹ kategorisch dagegensetzend: »Wenn ich diese Reise noch einmal machte, wüßt' ich's auch nun besser. Denn mit dem verschiednen Gelde, den Preisen, den Vetturinen, den schlechten Wirtshäusern ist es eine tagtägliche Not, daß einer, der zum erstenmal wie ich allein geht und ununterbrochnen Genuß suchte und hoffte, unglücklich genug sich finden müßte. Ich habe nichts gewollt als das Land sehn, auf welche Kosten es wolle, und wenn sie mich auf Ixions Rad nach Rom bringen, so bin ich's zufrieden.« (WA I 31, 321)

Goethe benötigte kein feuriges Rad, um seinen Lebenstraum zu verwirklichen; mit Schiff und Sediola kam er sicher nach Rom. ›Abstrakte Genüsse‹

hat er in Gasthäusern und Herbergen wohl kaum, gewiß aber beim Betrachten antiker und Renaissancekunstwerke gehabt. Goethe verstand es ausgezeichnet, die Realität nicht an der Imagination zu messen, sondern Zerstörungen, Gerüche, Schmutz und Strapazen wegzudenken und die Imagination neu erstehen zu lassen. Mit der Konzentration auf den Kunstgenuß, das Sehen- und Lernenwollen traten die Widrigkeiten des damaligen Reisens sofort zurück, wurden keineswegs unbedeutend, wohl aber zweitrangig. Der Reisende Goethe vollzog nicht schlechthin eine Ortsveränderung unter bestmöglichen leiblichen und geistigen Umständen, wie dies bei den erwähnten Vergleichspersonen häufig genug der Fall war, er nutzte seine Fahrt vielmehr zu lebendiger Wirksamkeit; sich unters Volk mischend, schauend und aufnehmend, vermochte er sich in seiner Existenz umzuschaffen und zu erneuern: »Die Sache ist, daß ich wieder Interesse an der Welt nehme, meinen Beobachtungsgeist versuche und prüfe, wie weit es mit meinen Wissenschaften und Kenntnissen geht, ob mein Auge licht, rein und hell ist, wie viel ich in der Geschwindigkeit fassen kann und ob die Falten, die sich in mein Gemüt geschlagen und gedrückt haben, wieder auszutilgen sind. Schon jetzt, daß ich mich selbst bediene, immer aufmerksam, immer gegenwärtig sein muß, gibt mir diese wenigen Tage her eine ganz andere Elastizität des Geistes; ich muß mich um den Geldcours bekümmern, wechseln, bezahlen, notieren, schreiben, anstatt daß ich sonst nur dachte, wollte, sann, befahl und diktierte.« (WA I 30, 34 f.)

Die Reise selbst, einschließlich der Begleitumstände, wurde zum Jungbrunnen und neuen Lebenselixier; das ›allgemeine Reise-Schicksal‹ wurde wohl konstatiert, vermochte diesen Reisenden jedoch nicht zu beeinflussen. Goethes Hoffnung, schon zum Ausdruck gebracht im Brief an Herzog Karl August vom 18. September 1786, hatte sich nach Beendigung der Reise erfüllt: einen »wohl ausgewaschnen, wohl ausstaffierten Menschen wieder zurückzubringen« (WA IV 8, 26).

Als Geleitsmann Anna Amalias nach Venedig 1790

»Das ist Italien nicht mehr, das ich mit Schmerzen verließ.«

Ganz anders als 1786, da Goethe von Karlsbad aus erwartungsvoll, vor Italiensehnsucht fast krank nach Süden aufbrach, unternahm er vier Jahre später erneut eine Fahrt auf die Apenninenhalbinsel. Die Herzoginmutter Anna Amalia, die seit 1789 in Italien weilte, war auf Bitten der fürstlichen Familie abzuholen. Dieser äußeren Verpflichtung gehorchend, trat Goethe am 10. März 1790 die Reise an. Er reiste offiziell, begleitet vom Diener Paul Götze, der gleichzeitig die herzogliche Halbchaise kutschierte; die Reiseroute führte über Bamberg, Nürnberg, Augsburg, Innsbruck, Bozen, Verona, Vicenza nach Venedig, wo die Weimarer am 22. März glücklich anlangten. Hier wartete Goethe, die Zeit zu intensiven kultur- und kunstgeschichtlichen Studien nutzend, etwa 8 Wochen lang auf die Ankunft der Herzoginmutter, die um Mitte Mai, von Süden kommend, eintraf. Am 22. Mai begann die gemeinsame Rückreise des herzoglichen Gefolges und Goethes nach Weimar, wobei noch Padua, Vicenza und Mantua berührt wurden. Am 20. Juni, nach dreieinhalbmonatiger Reise, kam Goethe wieder in Weimar an, schon mit den Gedanken befaßt, einen Monat später nach Schlesien zu reisen, wo ihn der Herzog im Feldlager erwartete.

Goethe hatte die Fahrt bereits »ohne rechten innerlichen Trieb« (WA IV 9, 196) angetreten. Zum einen mußte er erstmals die Geliebte zurücklassen: Christiane Vulpius zählte mit Schwester Ernestine und Tante Juliane seit etwa Anfang 1789 zum Goetheschen Hausstand, und am 25. Dezember 1789 war der Sohn August geboren worden. Diese neue, tiefe Gefühlsbindung zog den Dichter mit großer Kraft nach Weimar zurück und färbte natürlich auf mancherlei Formulierungen in den Briefen ab, die er während dieser 2200 km langen Reise schrieb. Auch die durchaus nicht unkomplizierten Verhältnisse, die für Goethe in dem kleinen, klatschsüchtigen Weimar durch die Liaison mit Christiane entstanden waren, fanden ihre schriftliche Resonanz. Einen Eindruck von der unruhigen Gefühlslage vermittelt z. B. die folgende Briefpassage, gerichtet an den Vertrauten Johann Gottfried Herder. Zwei Tage nach der Abreise aus Weimar, am 12. März, schrieb er aus Jena: »Da man gegen das Ende weich und sorglich zu werden anfängt, so fiel mir erst ein, daß nach meiner Abreise mein Mädchen und mein Kleiner ganz und gar verlassen sind, wenn ihnen irgend etwas zustieße, worin sie sich nicht zu helfen wüßten. Ich habe ihr gesagt, sich in einem solchen äußersten Falle an Dich zu wenden. Verzeih!« (WA IV 9, 187) Ein solcher zu ›verzeihender‹ Fall scheint immerhin eingetreten zu sein, denn etwa 10 Wochen später bedankte sich Goethe bei Herder herzlich »für die Gesinnungen« gegen seine Zurückgelaßnen: ». . . sie liegen mir sehr nahe, und ich gestehe gern, daß ich das Mädchen leidenschaftlich liebe. Wie sehr ich an sie geknüpft bin, habe ich erst auf dieser Reise gefühlt.« (WA IV 9, 207) Und an den Herzog schrieb Goethe im gleichen Sinne Anfang April: »Übrigens muß ich im Vertrauen gestehen, daß meiner Liebe für Italien durch diese Reise ein tödlicher Stoß versetzt wird. Nicht daß mir's in irgend einem Sinne übel gegangen wäre, wie wollt es auch? aber die erste Blüte der Neigung und Neugierde ist abgefallen, und ich bin doch auf oder ab ein wenig schmelfungischer geworden. Dazu kommt meine Neigung zu dem zurückgelaßnen Erotio und zu dem kleinen Geschöpf in den Windeln, die ich Ihnen beide, wie alles das Meinige, bestens empfehle.« (WA IV 9, 197 f.)

Ein zweiter Grund für das Fehlen des »rechten innerlichen Triebs« ist hier angedeutet. Die erste italienische Reise hatte so viel unbewältigten Stoff – in Wissenschaft wie in Poesie – angehäuft, daß es Goethe zur Besinnung, zum Bedenken und Gestalten des Gesehenen und Erfahrenen drängte. So lagen zwischen beiden Reisen nicht zufällig die Niederschriften wichtiger wissenschaftlicher Erkenntnisse und dichterischer Schöpfungen: Der ›Versuch, die Metamorphose der Pflanzen zu erklären‹ korrespondierte mit der Einrichtung eines botanischen Gartens in Jena und der Reorganisation der dortigen Universität, Beobachtungen und Studien zur Farbenlehre setzten 1790 ein, das ›Faust‹-Fragment wurde vorläufig abgeschlossen, die während und unmittelbar nach der zweiten italienischen Reise entstandenen ›Venetianischen Epigramme‹ befaßten sich u. a. mit dem wichtigsten politischen Ereignis dieser Monate, der Französischen Revolution.

Angesichts dieser Fülle von äußeren und inneren Bewegungen war der Blick auf das bereiste Land ein völlig anderer als noch 1786/87, und auch die Reise selbst wurde keinesfalls so kunstvoll gestaltet wie 4 Jahre zuvor.

So berichtet Paul Götze, daß es unterwegs Zank mit einem Postmeister gab und daß auf einigen Poststationen schlimme Zustände herrschten.[121] Bis Verona fuhr man mit dem herzoglichen Fahrzeug und steuerte schließlich von Padua aus per Barke das Ziel Venedig an. Dort begann eine zielgerichtete, sehr zeit- und kraftaufwendige Erschließung der zahllosen Kultur- und Kunstschätze; von Stadtbesichtigungen, Kirchen- und Galeriebesuchen spricht das Tagebuch, von dem Erschauen, Begreifen und Vergleichen berühmter Werke von Tintoretto, Tizian, Veronese, Giorgione u. a. »An Gemälden habe ich mich fast krank gesehen und wirklich eine Woche pausieren müssen« (WA IV 9, 204), resümierte Goethe im Brief an Caroline Herder vom 4. Mai. Daß auf dem Markusplatz »gebratene Kastangen, Äpfel, Oliven, Gebackenes und noch hundert andere Sachen mit einem unbändigen Geschrei« (WA III 2, 15) feilgeboten wurden, hat verständlicherweise Paul Götze sehr beeindruckt; Goethe mag bei der Besichtigung einer Werft oder eines dänischen Schiffes mehr Neues und Interessantes gefunden haben.[122]

Alle geschilderten Begleitumstände jedoch vermehrten nur Goethes Ungeduld bis zur Ankunft der Herzoginmutter. Venedig erschien ihm nicht mehr als Perle der Lagune, sondern als »Stein- und Wassernest« (WA IV 9, 200), dem Volksleben stand er nach eigenen Worten diesmal viel kritischer, ja »intoleranter« gegenüber, und besonders angesichts der schon beschriebenen hygienischen Zustände zürnte er »gegen das Sauleben dieser Nation«. (WA IV 9, 198) Auch die mangelnden Möglichkeiten des geistigen Austausches mit Freunden beklagte der Wartende sehr.

»Unter andern löblichen Dingen, die ich auf dieser Reise gelernt habe, ist auch das: daß ich auf keine Weise mehr allein sein und nicht außerhalb des Vaterlandes leben kann. Erhalte uns ein gut Geschick den Frieden« (WA IV 9, 202), schrieb er an Charlotte von Kalb. Und im Brief an Caroline Herder faßte Goethe seine häuslich-arbeitsamen Gesinnungen in die bekannten Verse:

> Weit und schön ist die Welt, doch oh! wie dank ich dem Himmel,
> Daß ein Gärtchen beschränkt zierlich mir eigen gehört.
> Bringet mich wieder nach Hause! Was hat ein Gärtner zu reisen?
> Ehre bringt's ihm und Glück, wenn er sein Gärtchen besorgt. (WA IV 9, 205)

War die Hinreise jahreszeitlich bedingt von unfreundlichem Wetter begleitet, so daß »die frohe Welt trüb und kotig« (WA IV 9, 196) anmutete, so konnte Goethe auf der Rückreise aus Augsburg beruhigt registrieren: »Tirol hat uns sehr höflich behandelt; es war das schönste Wetter.« (WA IV 9, 209) Nach der glücklichen Ankunft in Weimar vermeldete er bereits am 1. Juli, knapp vier Wochen vor neuerlichem Reiseantritt, an seinen herzoglichen Freund Karl August: »Das Chaischen, das Sie so weit herumgeführt hat, ist auch diesmal ganz glücklich von W[eimar] nach Verona und von da zurückgekommen. Es soll mich auch wieder zu Ihnen bringen.« (WA IV 9, 212 f.)

Vom Feldlager zum Bergbau 1790

»Ich habe in Schlesien manches Gute genossen ...«

»Kaum habe ich mich von meiner venetianischen Reise erholt, so werde ich zu einer andern berufen, von der ich mir außer mancherlei Beschwerden viel Vergnügen und Nutzen verspreche. Der Herzog hat mich nach Schlesien berufen, wo ich einmal statt der Steine und Pflanzen die Felder mit Kriegern besät finden werde. Unterwegs gedenke ich Dresden zu sehn, im Rückweg Freiberg.« (WA IV 9, 214) Mit diesen Worten im Brief an den Freund Knebel umriß Goethe etwa drei Wochen vor Antritt seiner Reise deren Anlaß, Umfang und Ziel. Auf der Rückreise von Italien, in Augsburg, war Goethe der Ruf seines herzoglichen Freundes zugekommen. Karl August, der als Generalmajor in preußischen Diensten stand, hatte mit seinem Korps an den Manövern teilgenommen, mit denen Preußen gegenüber Österreich militärische Macht demonstrieren wollte. Goethe, der noch vor der Abreise nach Schlesien den Wunsch geäußert hatte, »daß diese große Demonstration eines kriegerischen Vorhabens zum Heil und Frommen von Deutschland und Europa ausschlagen möge« (WA IV 9, 211), erfuhr bereits unterwegs vom Abschluß der Reichenbacher Konvention. Durch die revolutionäre Entwicklung in Paris beunruhigt, hatten die beiden rivalisierenden Feudalmächte Österreich und Preußen ihre Diskrepanzen mit diesem Abkommen vorläufig beigelegt, so daß es in Schlesien nicht zu militärischen Auseinandersetzungen kam.

Goethe war die Einladung des Herzogs durchaus nicht ungelegen gekommen, obwohl er nun erneut seine Familie in Weimar allein lassen mußte. Vor allem der sich immer stärker ausprägende Drang zur Naturwissenschaft ließ ihm Schlesien als gewinnversprechendes Ziel erscheinen. So erhoffte er von den Besuchen in den schlesischen Bergbauzentren unmittelbare Hinweise und Anregungen für die Bemühungen um den Ilmenauer Bergbau, mit dem er dienstlich immer stärker befaßt worden war.

Nachdem in Weimar noch eine »Wunde am Fuße, die mich hindert, Stiefel anzuziehen« (WA IV 9, 210) ausgeheilt war, brach der Vielgereiste Ende Juli 1790 auf. Aus der kursächsischen Residenz Dresden berichtete Goethe an die befreundeten Herders über den ersten Abschnitt seiner Tour: »Den 26. früh 10 Uhr ging ich, wie Ihr wißt, von Weimar ab, kam gegen 11 in der Nacht nach Gera und wartete die Mittagshitze des 27. in Rochlitz ab, kam um 11 Uhr nachts nach Nossen und war den 28. früh halb achte in Dresden.« (WA IV 9, 217) Dresdener Bekannte, u. a. die Familie Körner und der Sprachwissenschaftler Adelung, wurden in zwei Tagen besucht und natürlich die Galerie und weitere Kunstkammern besichtigt. Bereits in der Nacht des 30. Juli reiste Goethe weiter, »um über die stolpischen Basalte nach Schlesien zu eilen« (WA IV 9, 218). Am 2. August erreichte er das Lager, das sich in der Nähe von Schweidnitz befand. An die Herders schrieb er am 10. August aus der Nähe von Breslau: »Seit dem Anfange des Monats bin ich nun in diesem zehnfach interessanten Lande, habe schon manchen Teil des Gebirgs und der Ebne durchstrichen und finde, daß es ein sonderbar schönes, sinnliches und begreifliches Ganze macht. Manche Unannehmlichkeit und Plage wird durch neue Begriffe und Ansichten vergütet.« Er werde »viel zu erzählen haben«, wenn es ihm »im Winter wieder erzählerlich« würde, kündigte er an. (WA IV 9, 218)

Daß der sehr naturverbundene Goethe sich dem Dasein unter freiem Himmel, den Improvisationen eines Lagerlebens schnell anzupassen vermochte, braucht nicht zu überraschen. In einem scherzhaften Gedicht, in dem die Sehnsucht nach Christiane anklingt, hat er die Situation festgehalten:

> Grün ist der Boden der Wohnung, die Sonne scheint durch die Wände,
> Und das Vögelchen singt über dem leinenen Dach.
> Kriegerisch reiten wir aus, besteigen Schlesiens Höhen,
> Sehen mit mutigem Blick vorwärts nach Böhmen hinein;
> Aber es zeigt sich kein Feind – und keine Feindin! – Oh! bringe,
> Wenn uns Mavors betrügt, bring' uns Cupido den Krieg. (WA IV 9, 220)

Mit dem Eintreffen König Friedrich Wilhelms II. in Breslau wurden auch Karl August und seine Offiziere in die schlesische Metropole gezogen. Vom 10. August an war somit auch Goethe in dieser Stadt, von der aus er in den folgenden Wochen mehrere Exkursionen unternahm.

Zunächst jedoch hatte sich Goethe dem turbulenten Leben in der momentanen Residenz des Preußenkönigs anzubequemen. Wie wenig sich der Dichter gerade diesen gesellschaftlichen Zwängen unterzuordnen bereit war, hatte sich zwölf Jahre vorher in Berlin gezeigt. Während Karl August von militärischen und Hofangelegenheiten voll in Anspruch genommen war, fühlte sich Goethe zunehmend von dem »lärmenden, schmutzigen, stinkenden Breslau« (WA IV 9, 224) eingeengt. Wie stets bei solchen Bedrängungen durch äußere Umstände verstand er es, sich weitgehend in sich selbst zurückzuziehen und sich eigenen Beschäftigungen und Gegenständen zuzuwenden. Zwar hatte er sich an einer offiziellen Cour im Breslauer Schloß zu Ehren des Königs beteiligt, gewiß auch von der Universität und weiteren Sehenswürdigkeiten der Stadt Kenntnis genommen und dabei »eine Menge Menschen« kennengelernt, doch schrieb er am 21. August an Herder: ». . . neue Verbindungen werd' ich wohl schwerlich eingehen.« (WA IV 9, 219 f.)

Mit seiner bewußt zur Schau getragenen Kälte und seinem distanzierten Verhalten mußte Goethe – wie seinerzeit in Berlin – arrogant und unnahbar erscheinen. Das gab Anlaß zu einer späteren Anekdote: Der Breslauer Prediger und Schriftsteller Johann Timotheus Hermes hatte 1770/72 den fünfteiligen Briefroman ›Sophiens Reise von Memel nach Sachsen‹, eine umfangreiche, sentimentale Reise- und Familiengeschichte, veröffentlicht, der seitdem mehrfach neu aufgelegt worden war. Hermes fühlte sich somit legitimiert, dem berühmten Dichter aus Weimar, nachdem dieser nicht von selbst den Weg zu ihm gefunden hatte, seine Aufwartung machen zu dürfen und dabei entsprechend hofiert zu werden. »Mit geziemender Würde, wird berichtet, stieg er die zu Goethes Wohnung führenden Stufen hinauf, als dieser raschen Schrittes dieselben herunterkommt und beide sich mitten auf der Treppe begegnen. Hermes, welcher Goethe bereits einmal gesehen, wußte sofort, wen er vor sich sähe, und läßt sich, da er bemerkt, daß Goethe an ihm vorübereilen will, zu der Anfrage herbei, ob er wohl den Dichter des ›Werther‹ vor sich zu sehen die Ehre hätte. ›Mein Name ist Goethe‹, antwortete dieser kurz, ›und wer sind Sie!‹ – ›Ich bin der Verfasser von Sophiens Reise von Memel nach Sachsen!‹ – ›Und der ist?‹, fragte Goethe und setzte unbekümmert um das Schicksal des unglücklichen Hermes, der, in seinen gehegten Erwartungen bitter getäuscht, kein Wort hervorzubringen vermochte, seinen Weg fort.«[123]

Goethes Hauptinteresse in jenen Breslauer Tagen galt der Anatomie. Bereits in der voritalienischen Zeit hatte er sich in Jena und Weimar mit dieser naturwissenschaftlichen Disziplin befaßt und mit dem Nachweis des Zwischenkieferknochens beim Menschen eine revolutionäre Entdeckung gemacht. Mit der Erweiterung seines naturwissenschaftlichen Gesichtskreises dehnte Goethe nach 1788 diese Forschungen auf die vergleichende Anatomie aus. Noch in Venedig hatte ihn der Anblick eines »geborstenen Schafsschädels« am Strand zu weitgehenden Spekulationen angeregt,[124] in Breslau schrieb er seinen fragmentarischen ›Versuch über die Gestalt der Tiere‹ dann endgültig nieder.

Am 27. August verließ Goethe in Begleitung des Dieners Paul Götze zu Pferd Breslau, um das Glatzer Bergland kennenzulernen, wo er sich bis 31. August aufhielt. Glatz, das Heuscheuergebirge, die bizarren Felsformationen bei Weckelsdorf-Adersbach und Landeshut waren die Stationen. An Fritz von Stein schrieb er am 31. August, drei Tage nach seinem Geburtstag, aus Landeshut: »In allem dem Gewühle hab' ich angefangen, meine Abhandlung über die Bildung der Tiere zu schreiben, und damit ich nicht gar zu abstrakt werde, eine komische Oper zu dichten. Du siehst, daß mein Naturell aushält . . .« (WA IV 9, 223) Bereits am 3. September erfolgte von Breslau aus der nächste Ritt ins Land, diesmal nach Oberschlesien und Westgalizien, der bis zum 9. September dauerte. Neben Karl August und dem Diener Paul Götze war diesmal der Direktor der schlesischen Bergwerke, Friedrich Wilhelm Graf von Reden, dabei, der nicht nur als Bergfachmann zum wertvollsten Reisebegleiter avancierte. In Tarnowitz lernte Goethe erneut eine Grube kennen, erstmals aber auch eine technische Neuerung, mit der man das Grubenwasser hob: eine Dampfmaschine. An seinen Ministerkollegen C. G. Voigt schrieb Goethe am 12. September 1790: »In Tarnowitz habe ich mich über Ilmenau getröstet; sie haben, zwar nicht aus so großer Tiefe, eine weit größere Wassermasse zu heben und hoffen doch. Zwei Feuermaschinen arbeiten, und es wird noch eine angelegt, dabei noch ein Pferde-Göpel, der aus vier Schächten Wasser hebt.« (WA IV 9, 225)

Die nächsten Stationen des achttägigen Informationsrittes waren die Salzbergwerke von Wieliczka – hier erreichte Goethe den östlichsten Punkt seiner Reisen –, die alte polnische Königsstadt Krakau, wo der berühmte Hochaltar von Veit Stoß in der gotischen Marienkirche betrachtet worden sein dürfte, sowie der Wallfahrtsort Czenstochowa.[125]

Im Brief an Familie Herder zog Goethe am

14. Felsenpartie bei Adersbach (?)
Bleistift; 1790 (?)
Inv. Nr. 137

11. September von Breslau aus Bilanz: »Ich habe in diesen acht Tagen viel Merkwürdiges, wenn es auch nur meist negativ merkwürdig gewesen wäre, gesehen. . . . [–] Auch bei mir hat sich die vis centripeta mehr als die vis centrifuga vermehrt. Es ist all und überall Lumperei und Lauserei, und ich habe gewiß keine eigentlich vergnügte Stunde, bis ich mit Euch zu Nacht gegessen und bei meinem Mädchen geschlafen habe. Wenn Ihr mich lieb behaltet, wenige Gute mir geneigt bleiben, mein Mädchen treu ist, mein Kind lebt, mein großer Ofen gut heizt, so hab' ich vorerst nichts weiter zu wünschen.« (WA IV 9, 224)

Reiseüberdruß, Sehnsucht nach der in Weimar wartenden Christiane und dem Sohn August, der Wunsch, den Freundeskreis wiederzusehen, und gewiß auch das in Oberschlesien und Galizien beobachtete Elend der Bauern und Bergarbeiter mögen diese Worte bewirkt haben. Am 19. September verließ Goethe Breslau, aus dem erlöst zu sein er schon eine Woche zuvor gewünscht hatte, um mit dem ›Chaischen‹ die Rückfahrt anzutreten. Noch vor der Abreise hatte Goethe resümiert. »Ich habe in Schlesien manches Gute genossen« (WA IV 9, 227), konnte v. Racknitz lesen, und Voigt hörte: ». . . wir haben sehr angenehme und nützliche Tage verlebt, wenn gleich die meisten Gegenstände unterwegs wenig Reiz und Interesse haben.« (WA IV 9, 225)

Goethe nutzte die Rückreise zu einer Besteigung der Schneekoppe im Riesengebirge, besuchte Warmbrunn und traf am 25. September erneut in Dresden ein, wo er sich acht Tage aufhielt. Am 6. Oktober erst kam er wieder in Weimar an. 1140 km mit Wagen oder Pferd lagen erneut hinter ihm. Welchen Gewinn ihm diese Reise gebracht hatte, ist Goethe nach der Rückkehr deutlich bewußt geworden. Bereits am 15. Oktober konnte er dem Bergbauamt Ilmenau Anweisung zur Erprobung technologischer Neuerungen geben, die in schlesischen Bergwerken angeregt worden waren;[126] auch Dresden, »die schöne und interessante Stadt«, sowie das Ehepaar Körner, dessen Gastfreundschaft er genossen hatte, blieben ihm unvergeßlich.[127] An Karl Ludwig von Knebel schrieb Goethe am 17. Oktober über die schlesische Reise: »Wir sind nun wohl und glücklich aus Schlesien zurückgekommen, und ich begrüße Dich wieder aus Thüringen. Ich kann sehr zufrieden von meiner Reise sein, denn ich habe sehr viel Interessantes gesehen, besonders hat mich Dresden zuletzt recht glücklich gemacht.« (WA IV 9, 231 f.)

Kampagne in Frankreich 1792

»Umgeben von allen Übeln des Kriegs . . .«

Lange schon vor dem Sturm auf die Bastille hatte Goethe die Vorgänge jenseits des Rheins aufmerksam beobachtet, hatte in mündlichem und schriftlichem Austausch mit Bekannten und Freunden sowie beim Studium der Nachrichten – »Ich lese fleißig die Zeitungen« (WA IV 8, 295) – das Herannahen gesellschaftlicher Umwälzungen in Europa vorausgeahnt. Im Brief aus Rom vom 17. November 1787 an Karl August steht der bezeichnende Satz: »Mir scheint es für Freund und Feind bedenklich, daß Frankreich so weit herunter ist.« (WA IV 8, 295) In den während seines zweiten italienischen Aufenthaltes 1790 entstandenen ›Venetianischen Epigrammen‹ setzte er sich dann mit dem ganz Europa bewegenden Ereignis der Französischen Revolution auseinander, wobei er eine durchaus widersprüchliche Position bezog:

> Frankreichs traurig Geschick, die Großen mögen's bedenken;
> Aber bedenken fürwahr sollen es Kleine noch mehr.
> Große gingen zugrunde: doch wer beschützte die Menge

Gegen die Menge? Da war Menge der Menge Tyrann.
. . .
Jene Menschen sind toll, so sagt ihr von heftigen Sprechern,
Die wir in Frankreich laut hören auf Straßen und Markt.
Mir auch scheinen sie toll; doch redet ein Toller in Freiheit
Weise Sprüche, wenn, ach! Weisheit im Sklaven verstummt.
(WA I 1, 320f.)

Zwei Jahre später, im Sommer 1792, zogen die Armeen der 1. Koalition gegen das jakobinische Frankreich. Herzog Karl August, der als preußischer Generalmajor eine Kürassierbrigade führte, befand sich bereits im Feldlager zu Longwy, als Goethe am 27. August, einen Tag vor seinem 43. Geburtstag, mit dem Diener Paul Götze wunschgemäß bei ihm eintraf. Am 8. August war Goethe in Weimar mit einer eigenen Kutsche aufgebrochen, seine Reiseroute hatte ihn über Gotha, Eisenach und Fulda nach Frankfurt geführt, wo er eine Woche lang im Elternhaus verweilte. Mainz, Trier und Luxemburg waren dann die letzten Stationen vor Longwy gewesen. Goethe wurde bald mit dem »Widerwärtigsten« konfrontiert, was er in seinem langen Leben jemals erlebt hatte.[128] Die Reise selbst stand unter keinem günstigen Stern. Johann Heinrich Meyer, der Schweizer Kunstfreund und Hausgenosse, der in des Hausherrn Abwesenheit die Einrichtung und den Umbau des Weimarer Hauses am Frauenplan – ein Geschenk des Herzogs – leitete, hatte den Abfahrenden in der Kutsche bis Erfurt begleitet und war dann umgekehrt. An Christiane berichtete Goethe aus Gotha bereits das erste Abenteuer seiner beginnenden Fahrt: »Wir sind in Gotha angelangt, und ich denke bald wieder wegzugehen, ich habe nirgends Ruhe. Meyer wird Dir erzählen, wie ich gleich in Erfurt bin von Wanzen gequält worden und wie ich mich auch hier vor der Nacht fürchtete.« (WA IV 10, 1)

In Mainz verbrachte Goethe »zwei muntere Abende« mit dem Schriftsteller Ludwig Ferdinand Huber, dem Naturforscher Samuel Thomas Sömmering, dem Weltreisenden Johann Reinhold Forster und dessen Sohn Georg, der während der Tage der Mainzer Republik ein Jahr darauf eine wichtige Rolle spielte. »Von politischen Dingen war die Rede nicht, man fühlte, daß man sich wechselseitig zu schonen habe: denn wenn sie republikanische Gesinnungen nicht ganz verleugneten, so eilte ich offenbar, mit einer Armee zu ziehen, die eben diesen Gesinnungen und ihrer Wirkung ein entschiedenes Ende machen sollte.« (WA I 33, 5) Aus dem Wege gehen konnte Goethe der politischen Auseinandersetzung freilich nicht, selbst auf der Landstraße zwischen Mainz und Bingen holte ihn der Zeitgeist ein: »Unser leichtes Fuhrwerk erreichte schnell einen vierspännigen schwerbepackten Wagen: der ausgefahrene Hohlweg aufwärts am Berge her nötigte uns auszusteigen, und da fragten wir denn die ebenfalls abgestiegenen Schwäger, wer vor uns dahin fahre? Der Postillon jenes Wagens erwiderte darauf mit Schimpfen und Fluchen, daß es die Französinnen seien, die mit ihrem Papiergeld durchzukommen glaubten, die er aber gewiß noch umwerfen wolle, wenn sich einigermaßen Gelegenheit fände.« (WA I 33, 5f.) Mit den französischen Emigranten, die mit einem eigenen Militärkorps an dem Feldzug beteiligt waren, kam Goethe später öfter in Berührung, und es waren auch von seiner Seite nicht die günstigsten Beurteilungen, die er über diese Truppen abgab.

Trier war infolge des Truppenaufmarsches in ein heilloses Chaos gestürzt, so daß Goethe sich glücklich schätzen durfte, daß er mitsamt seiner »compendiösen Equipage« in einem weitläufigen Gehöft leidliches Unterkommen fand. Hier schon, mehr aber noch im Lager selbst sah Goethe seine eigene Voraussage, die er bereits in Frankfurt geäußert hatte, bestätigt: »Gegen mein mütterlich Haus, Bette, Küche und Keller wird Zelt und Marquetenderei übel abstechen, besonders da mir weder am Tode der aristokratischen noch demokratischen Sünder im mindesten etwas gelegen ist.« Der Widerwille war spürbar, wenn er auf das »crude Thema« seiner Beteiligung an diesem militärischen Unternehmen zu sprechen kam. »Deswegen wünschte ich mich wieder zwischen die Thüringer Hügel, wo ich doch Haus und Garten zuschließen kann«, schrieb er weiter an Friedrich Heinrich Jacobi. (WA IV 10, 6)

Zu diesen Stimmungen und Gefühlen paßte der trostlose Anblick des Lagers, dessen »Zeltwüste« Goethe am 27. August erstmals ansichtig wurde. Infolge des Dauerregens hatten Pferde und Fuhrwerke den Boden in eine Schlammfläche verwandelt, über die mit einer Kutsche kaum ein Fortkommen möglich war. Daß Goethe vom schwarzen Pudel des Kammerdieners Wagner zuerst begrüßt wurde und wenig später vom mysteriösen Tod des herzoglichen Leibpferdes hören mußte, wird der hierin so empfängliche Reisende kaum als gutes Omen gedeutet haben. Die hygienischen Zustände waren katastrophal: durch einen gebrochenen Damm hatte Wasser allen Lagerunrat, Küchenabfälle, Eingeweide, Knochen usw. unter die Zelte gespült und das »widerwärtigste Unheil« angerichtet.

Goethe beging somit seinen 43. Geburtstag »mitten in Regen und Kot« (WA IV 10, 12). Um Christiane nicht zu beunruhigen, schilderte er in den Briefen an die in Weimar ängstlich wartende Geliebte die Lebensumstände wesentlich zurückhaltender: »Gestern bin ich im Lager bei dem Herzoge angelangt . . . und schreibe Dir in seinem Zelte mitten unter dem Geräusch der Menschen, die an einer Seite Holz fällen und es an der andern verbrennen. Es ist fast anhaltender Regen, die Menschen werden weder Tag noch Nacht trocken, und ich kann sehr zufrieden sein, daß ich in des Herzogs Schlafwagen eine Stelle gefunden habe, wo ich die Nacht zubringe. Alle Lebensmittel sind rar und teuer, alles rührt und regt sich, um seine Existenz nur ein wenig leidlicher zu machen.« (WA IV 10, 10) Er selbst, schrieb er wenig später aus Verdun, »habe keine Zeit, hypochondrisch zu sein« (WA IV 10, 14). Am 29. August »geschah der Aufbruch aus diesen halberstarrten Erd- und Wasserwogen« (WA I 33, 19). Goethe hatte durch Karl August das Privileg, »im leichten offenen Wägelchen« vor der Hauptarmee herzufahren, wodurch er beim Abmarsch sogar dem preußischen König auffiel.

Nach dem Fall von Verdun am 2. September war auch Goethe noch überzeugt, sich bald in Chalons und Epernay »von den bisherigen Leiden an gutem Weine bestens erholen« (WA I 33, 37) zu können. In Verdun wurden sie im Wirtshaus »mit guten Schöpsenkeulen und Wein von Bar traktiert« (WA I 33, 39), doch einige Tage später bekam Goethe die französische Küche überhaupt nicht. Er hätte sogar an Gift gedacht, wenn ihm »nicht noch zeitig genug der Knoblauch eingefallen wäre, durch welchen jene Schüsseln erst recht schmackhaft geworden, der auf mich aber, selbst in der geringsten Dosis, höchst gewaltsame Wirkung auszuüben pflegte« (WA I 33, 47).

Am 12. September entschloß sich Goethe, seine »leichte und doch mit vier requirierten Pferden bespannte Chaise unter dem Schutz des zuverlässigen Kämmerier Wagner zu lassen« (WA I 33, 49) und den weiteren Marsch beritten zurückzulegen. Mit den Offizieren seines Herzogs ziehend, erlebte der Zivilist Goethe in vorderster Front der vorrückenden Truppen das, »was den Krieg für das Gemüt eigentlich verderblich macht«: das Leben zwischen »Ordnung und Unordnung, zwischen Erhalten und Verderben, zwischen Rauben und Bezahlen«. (WA I 33, 42)

Inzwischen war der 20. September, der Tag der Entscheidung, herangekommen. Goethe, mit den Kürassieren reitend, geriet mit einem Kavallerie-Regiment unter Artilleriebeschuß, wobei sich herausstellte, daß es – die lange schon bei den Preußen zu beobachtende Verwirrung belegend – das Feuer einer eigenen Batterie gewesen war. Durch Zufall war nur eines der Pferde getötet worden, »da wir übrigen, besonders auf dem äußersten rechten Flügel, eigentlich alle hätten umkommen müssen.« (WA I 33, 69).

15. Festung Verdun
Bleistift, Aquarellfarben; 1792
Inv. Nr. 2292

Bereits während der beginnenden Kanonade von Valmy hatte Goethe Vorsorge für »das augenblickliche Bedürfnis« getragen: Gegen »einiges Trinkgeld« erwarb er mehrere Laibe Brot, die er mit der Bedingung verteilte, ihm Anteile für die nächsten Tage zu verwahren, und bei einem Jäger sicherte er sich gegen einen Mietzins von 8 Groschen je Nacht die dreimalige Benutzung einer wollenen Decke, um die er sich tags nicht zu kümmern brauchte. So hatte er außer dem Mantel »noch einen zweiten Schutz« vor Nässe und Kälte gewonnen. (WA I 33, 71)

Während des Vormarsches beschäftigte sich Goethe mit Farbstudien, studierte aber auch die menschlichen Verhaltensweisen in diesem kriegerischen Umfeld. Dabei ließ er sich während der Kanonade am 20. September zu einem besonderen Wagestück hinreißen. Um dem Zustand auf den Grund zu gehen, der mit dem Begriff ›Kanonenfieber‹ umrissen wird, und geleitet von einem »Geist, den jede Gefahr zur Kühnheit, ja zur Verwegenheit aufruft«, ritt er in das unmittelbare Schußfeld beider Armeen hinein. Bei diesem »törichten Versuchsritt« durch den Kanonendonner, umgeben vom »Heulen, Pfeifen, Schmettern der Kugeln«, kam er aus reinem Zufall ungestraft davon. (WA I 33, 72 ff.)

Am Abend des denkwürdigen Tages bestätigte sich mit bestürzender Deutlichkeit, was sich schon auf dem Wege vom Lager bei Longwy bis nach Valmy mehrfach angedeutet hatte: Der Feldzug war an den Unzulänglichkeiten der preußischen Armeeführung, mehr aber noch am Patriotismus des französischen Revolutionsheeres gescheitert. »Noch am Morgen hatte man nicht anders gedacht, als die sämtlichen Franzosen anzuspießen und aufzuspeisen, ja mich selbst hatte das unbedingte Vertrauen auf ein solches Heer, auf den Herzog von Braunschweig, zur Teilnahme an dieser gefährlichen Expedition gelockt; nun aber ging jeder vor sich hin, man sah sich nicht an, oder wenn es geschah, so war es um zu fluchen oder zu verwünschen.« Und Goethe schließt seine Schilderung aus späterer Sicht mit jenen bekannten Worten: »Endlich rief man mich auf, was ich dazu denke, denn ich hatte die Schar gewöhnlich mit kurzen Sprüchen erheitert und erquickt; diesmal sagte ich: ›Von hier und heute geht eine neue Epoche der Weltgeschichte aus, und Ihr könnt sagen, Ihr seid dabei gewesen.‹« (WA I 33, 74 f.)

Vom 21. September an verschlechterte sich von Tag zu Tag der Zustand der geschlagenen Armee: Wasser- und Brotmangel, Sturm und Regen, um sich greifende Krankheiten und Seuchen demoralisierten und dezimierten die zurückflutenden Truppen. Goethe und sein unmittelbarer Begleiter Paul Götze blieben, obwohl begünstigt, davon nicht verschont: »Ich wußte nicht, was es heißen sollte, als ich meinen treuen Zögling, Diener und Gefährten Paul Götze von dem Leder des Reisewagens das zusammengeflossene Regenwasser sehr emsig schöpfen sah; er bekannte, daß es zur Chocolade bestimmt sei, davon er glücklicherweise einen Vorrat mitgebracht hatte; ja was mehr ist, ich habe aus den Fußstapfen der Pferde schöpfen sehen, um einen unerträglichen Durst zu stillen.« (WA I 33, 79)

Am 28. September wurde endlich Brot herangeführt; da es jedoch verschimmelt war und innen »pommeranzenfarbig« aussah, erregte der Anblick nur »Abscheu und Ekel« und rief Angst vor Vergiftungen hervor. (WA I 33, 92 f.)

Eine Woche nach der Kanonade sah sich Goethe erstmals auch wieder zu brieflichen Nachrichten imstande. Knebel bekam zu lesen, daß »entsetzliches Wetter, Mangel an Brot« und »Stillstand« der Armee zu konstatieren sei, aber auch die sarkastischen Bemerkungen: »Der Herzog ist recht wohl, ich bin es auch, ob ich gleich täglich etwas von meinem Fette zusetze, wie meine Westen und Röcke zeugen. . . . [–] Ich wünsche, sehr bald wieder bei Euch zu sein, da aber unser Weg sehr parabolisch ist, läßt sich die Bahn schwer berechnen.« (WA IV 10, 26 f.)

Inzwischen waren die Hauptwege grundlos und unpassierbar geworden, und so suchten sich die Reiter- und Fahrzeugmassen vom 4. Oktober an den Weg querfeldein. Da sich die vier kleinen requirierten Pferde kaum noch imstande zeigten, Goethes Halbchaise zu ziehen, wechselte er auf den großen Küchenwagen des Herzogs über, der sechsspännig fuhr. Damit gerieten Kutsche und Kutscher aus dem Gesichtsfeld, und Goethe fürchtete am 6. Oktober, da überall Fuhrwerke aus Mangel an Zugpferden zurückgelassen werden mußten, seine »werte böhmische Halbchaise«, die ihn »schon so weit in der Welt herumgetragen«, sei »im Kot versunken« und der »Koffer mit Kleidungsstücken, Manuskripten jeder Art und manches durch Gewohnheit sonst noch werte Besitztum« verloren. (WA I 33, 119)

Am 8. Oktober brach Goethe mit dem »Kämmerier Wagner« und zwei Kranken nach Verdun auf, womit er sich von dem Rest der Leidensgefährten trennte. Des Herzogs Schlafwagen, bespannt mit sechs starken Schimmeln, diente als Lazarettfahrzeug, eskortiert von einem ortskundigen und findigen Husaren. Während dieses düsteren Zuges, Goethe »zwischen ansteckende Kranke gepackt« (WA I 33, 123), holten sie ein Fuhrwerk ein, das sich als die vermißte Halbchaise mitsamt dem Diener Paul Götze herausstellte. »Umgeben von allen Übeln des Kriegs« (WA IV 10, 27), bot Goethe das am 10. Oktober erreichte Verdun einen willkommenen Rastplatz vor der Weiterfahrt in Richtung Osten.

Am 11. Oktober verließ Goethe mit eigener Kutsche und glücklich requirierten Pferden Verdun, um sich »mit Leichenschritt« dem traurigen Wagenzug der Blessierten und Ruhrkranken anzuschließen. Der Selbsterhaltungstrieb der Zurückflutenden, die völlig zerfallenen Wege, Hunger und Epidemien führten dazu, daß gnadenlos aus dem Zug entfernt

16. Motiv im Bereich der Festung Luxemburg
Bleistift, Feder mit Tinte, Sepialavierung;
1792
Inv. Nr. 2279

wurde, dessen Fahrzeug defekt oder dessen Pferde entkräftet waren. Goethe und seine Begleiter erreichten am 11. Oktober das Städtchen Etain, wo sie mit List zu einem guten Essen kamen, es auch an gutem Wein und Brot nicht fehlte. Die folgenden Tage boten nicht weniger, sondern mehr der »widerwärtigen Greuelbilder«, und erst am 14. Oktober gelangten sie in der Festung Luxemburg zum ersten Verschnaufen.[129] »Hier konnt' ich nun zum erstenmal die Koffer wieder aufschließen und mich meiner Reise-Habseligkeiten, des Geldes, der Manuskripte wieder versichern« (WA I 33, 143), berichtete Goethe. Und er fand endlich Muße, das »kurz Vergangene zu überdenken, aber je mehr man dachte, je verworrener und unsicherer ward alles vor dem Blicke« (WA I 33, 147). Das Aufatmen Goethes, der allergrößten Gefahr glücklich entkommen zu sein, wird aus der Korrespondenz sichtbar. Aus Luxemburg schrieb er an die Herders: »Ich für meine Person singe den lustigsten Psalm Davids dem Herrn, daß er mich aus dem Schlamme erlöst hat, der mir bis an die Seele ging.« Und er fuhr mit einem Sarkasmus, der ein gewisses Über-den-Dingen-Stehen verrät, fort: »Ich eile nach meinen mütterlichen Fleischtöpfen, um dort wie von einem bösen Traum zu erwachen, der mich zwischen Kot und Not, Mangel und Sorge, Gefahr und Qual, zwischen Trümmern, Leichen, Äsern und Scheißhaufen gefangen hielt.« (WA IV 10, 36)

Am 22. Oktober erreichte Goethe Trier, und da zur gleichen Zeit die nachrückenden Franzosen Mainz und Frankfurt einnahmen, mußte er auf die »mütterlichen Fleischtöpfe« verzichten und einen längeren Umweg in Kauf nehmen, um nach Weimar zurückzugelangen. Goethe nutzte die Wartezeit in Trier produktiv; er rekapitulierte und redigierte seine »chromatischen Akten«, studierte kunstwissenschaftliche Objekte wie die Igeler Säule bei Trier und arbeitete an weiteren Manuskripten und Aufzeichnungen. Am 1. November entschied er sich zur Weiterfahrt nach Koblenz auf der Mosel: »Sehr ungern ließ ich meine Chaise zurück, die man mir aber nach Koblenz nachzusenden versprach, und mietete ein einmänniges Boot, wo mir denn beim Einschiffen meine sämtlichen Habseligkeiten, gleichsam vorgezählt, einen sehr angemessenen Eindruck machten, indem ich sie mehr als einmal verloren glaubte oder zu verlieren fürchtete. Zu dieser Fahrt gesellte sich ein preußischer Offizier, den ich als alten Bekannten aufnahm . . .« (WA I 33, 171)

Am 4. November traf man in Koblenz ein, und zwei Tage später nutzte Goethe eine sich bietende Möglichkeit zu weiterem Fortkommen auf dem Rhein: »Mich verlangte aus der fremden gewaltsamen Welt an Freundesbrust, und so mietete ich . . . eilig einen Kahn bis Düsseldorf, meine noch immer zurückbleibende Chaise Koblenzer Freunden empfehlend, mit Bitte, sie mir hinabwärts zu spedieren. [–] Als ich nun mit meinen Habseligkeiten mich eingeschifft und sogleich auf dem Strome dahin schwimmen sah, begleitet vom getreuen Paul und einem blinden Passagier, welcher gelegentlich zu rudern sich verband, hielt ich mich für glücklich und von allem Übel befreit.« (WA I 33, 182 f.) Die nächtliche Bootsfahrt war nicht ungefährlich: Das Boot erwies sich als leck, bei einer Handgreiflichkeit zwischen dem blinden Passagier und dem Schiffer stürzte letzterer ins Wasser, so daß nachts in Bonn angelegt werden mußte, um dessen Sachen zu trocknen. Während Götze und der Bootsbesitzer die Nacht in einer nahen Schifferkneipe verbrachten, zog es Goethe vor, im Boot unter freiem Himmel zu schlafen, auf einem Lager aus Mantelsack und Portefeuille, fand sich aber am nächsten Morgen völlig durchnäßt wieder, weil der Kahn nicht genügend weit an Land gezogen worden war. Dennoch kam die Reisegesellschaft am 6. November glücklich in Düsseldorf-Pempelfort an und nahm im Hause des befreundeten Friedrich Heinrich Jacobi Quartier. Hier, »in diesem gastfreisten aller Häuser«, vernichtete Goethe aus Bedenklichkeit sein Kriegs- und Reisetagebuch »in einem lebhaften Steinkohlenfeuer«, was er später sehr bedauerte. (WA I 33, 200)

Als der erwartete Wagen aus Koblenz nach fast vier Wochen Aufenthalt noch immer nicht eingetroffen war, entschloß sich Goethe, seiner Ungeduld ein Ende zu setzen: »Jacobi überließ mir einen bequemen, obgleich an Eisen ziemlich schweren Reisewagen.« (WA I 33, 205) Mit diesem Gefährt, kutschiert von Paul Götze, reiste er weiter nach Duisburg, wo er mit dem Philosophieprofessor Friedrich Victor Lebrecht Plessing zusammentraf, den er während seiner Harzreise 1777 kennengelernt hatte, und vom 6. bis 11. Dezember war er Gast bei Amalia Fürstin Gallitzin in Münster, die ihm eine wertvolle Gemmensammlung zu Studienzwecken überließ.

Über Paderborn, Kassel, Eisenach kehrte Goethe nach Weimar zurück, wo er nach Mitternacht am 16. Dezember 1792 eintraf. Der Ankommende »gab Anlaß zu einer Familienszene« (WA I 33, 248), wobei vor allem Christianes Freude überschwenglich gewesen sein dürfte. Drei Tage später schrieb er an Jacobi, daß er »glücklich, obgleich mit vieler Beschwerlichkeit endlich nach Hause gekommen« sei. (WA IV 10, 42) Nicht lange jedoch konnte er sich an dem neu eingerichteten Hause und an seiner Familie erfreuen. Die kriegerischen Reisen Goethes waren noch nicht zu Ende; vor ihm lag die Teilnahme an der Belagerung von Mainz. Diese Fahrt, auf die hier nicht näher eingegangen werden kann, hielt ihn vom 12. Mai bis zum 22. August 1793 von Weimar fern.

Klassische Schweizreise 1797

»Durch die Gelassenheit, womit ich meinen Weg mache, lerne ich, freilich etwas spät, noch reisen ...«

Achtzehn Jahre liegen zwischen der zweiten und der dritten Reise Goethes in die Schweiz. Lebensbestimmende Ereignisse fielen in diesen Zeitraum: die italienische Reise, das Wiederfinden der künstlerischen Existenz, die Reduzierung der Amtsgeschäfte auf Kunst-, Theater-, Bibliotheks- und Wissenschaftsfragen, die Hinwendung zur Kunstgeschichte und Naturwissenschaft. Bestehende freundschaftliche Verbindungen zu früheren Mitstreitern waren eingeschränkt oder abgebrochen und neue geknüpft worden, darunter 1794 die wichtigste, die mit Friedrich Schiller. Ein eigener Hausstand war gegründet, die Liebesbeziehung zu Christiane Vulpius auf die moralisch feste Basis einer ›Gewissensehe‹ gestellt worden.

Seit der Rückkehr aus dem Süden, da Goethe – wie er Ende 1800 an Friedrich Heinrich Jacobi schrieb – von »jenem großen italiänischen Gastmahl aufgestanden und genötigt« war, sich »am nordischen Katzentische vom Abhub zu nähren« (WA IV 21, 445), war es vor allem ein Mann, der ihm zum personifizierten Bindeglied zwischen dem klassischen Italien und der Schweiz sowie bald zum wichtigsten Berater in Kunstsachen wurde: Johann Heinrich Meyer.

Bereits Monate vor Antritt der Reise im Sommer 1797 spielte Goethe mit dem Gedanken, in Richtung Süden aufzubrechen. Die Erkrankung Meyers in Italien und die Ungewißheit, ob dieser sein Leiden dort oder in der Heimat auskurieren würde, ließ ihn die geplante Abfahrt immer wieder verzögern. Auch und vor allem die kriegerischen Ereignisse der neunziger Jahre hatten dazu beigetragen, daß Goethe die dritte, lange und gründlich vorbereitete Italienreise schließlich nicht unternahm, in deren Ergebnis ein großes kompendiöses Italienwerk entstehen sollte.

Nach einer Zeit ungeduldigen Wartens, in der Goethe, angeregt durch Schiller, wieder an seinem »Faust« zu arbeiten begonnen hatte, teilte er Schiller und Meyer in Briefen am 7. Juli seinen Entschluß mit, über Frankfurt in die Schweiz aufzubrechen, sobald der abwesende Herzog nach Weimar zurückgekehrt sei.

Ende Juli verfaßte Goethe ein vorläufiges Testament, veranstaltete erneut, wie schon 1779, ein Autodafé unter seinen Briefschaften, ließ für sich, Christiane und den Sohn August Pässe ausstellen, problematisch genug bei der Rechtslage zu Christiane, und reiste am 30. Juli 1797 mit Frau und Kind sowie seinem Schreiber Geist über Fulda nach Gelnhausen, wo er sich von den Seinen trennte, um mit Extrapost nach Frankfurt vorauszufahren. Christiane und Sohn langten gegen Abend des 3. August, 12 Stunden nach Goethe, in der Stadt an. Seine »kleinen Hausgeister«, die vier Tage später nach Weimar zurückkehrten, wurden im Goetheschen Hause am Großen Hirschgraben von der Frau Rätin mütterlich-warm aufgenommen, und Goethe führte der Lebensgefährtin die Sehenswürdigkeiten seiner Vaterstadt vor Augen.

Die lebhaften drei Wochen, die Goethe vor der Weiterreise in Frankfurt verbrachte, waren unter anderem recht intensiven sozialen und ökonomischen Studien gewidmet, die der Freund und Minister Karl Augusts anstellte. Die »Reise aus Thüringen nach dem Mainstrome« habe er erstmalig »durchaus bei Tage, mit Ruhe und Bewußtsein gemacht«, schrieb er an den Herzog, auch sei »die Witterung, bis auf wenige heiße Stunden, erwünscht und der Moment wegen der heranreifenden Feldfrüchte sehr bedeutend« gewesen. Von Handel und Gewerbe in der alten Reichsstadt, von Teuerungen, Luxus, neuen Bauten, Theaternachrichten und Friedenshoffnungen ist die Rede, selbst solche Details wie eine neue Art von Fenstern blieben nicht unerwähnt, von denen er »ein kleines Modell . . . an die Schloßbaukommission« zu schicken gedächte. (WA IV 12, 212 f.) Trotz der Vergnügungen und Ablenkungen in der großen Stadt, die dem lange Abwesenden nach den Weimarer Jahren besonders auffallen mochten, waren Goethes Gedanken doch auf die bevorstehende Reise konzentriert, und es ist durchaus bezeichnend, wenn der Siebenundvierzigjährige an Schiller schrieb: »Ohne den mindesten Anstoß bin ich vergnügt und gesund nach Frankfurt gelangt und überlege in einer ruhigen und heitern Wohnung nun erst: was es heiße, in meinen Jahren in die Welt zu gehen.« (WA IV 12, 216) Fast pedantisch betrieb er weitere Vorbereitungen. Eine Aufstellung verzeichnet sämtliche Garderobe und Wäsche sowie weitere Utensilien:

Von Frankfurt aus mitzunehmen.
An Wäsche.
8 Tagehemden
4 Nachthemden
4 Paar Unterhosen
12 Paar Unterstrümpfe
10 Taschentücher
8 Halsbinden
6 Handtücher
3 Servietten
3 Mützen
2 Leinw.-Westchen
1 Pudermantel
1 Puderschürze
2 Paar schwarze Strümpfe
3 Paar graue
2 Paar wollene

An Kleidung.
Frack
Sommersurtout
4 weiße Westchen
1 Paar schwarzseidne Beinkleider
1 wollenes Nachtwestchen
große Reuthosen
Strumpfbänder
Manchester-Hosen
graue Zeughosen

Schuh.
1 Paar Bänderschuh
Schnallenschuh
Schnallen
2 Paar Stiefeln
warmen Pantoffeln
Putzzeug.
Schreibmaterialien
Rasierzeug
Frisierzeug
Chokolade. Gefäß
Wollene Decke

Von diesen
kommt im Mantelsack:
2 Tagehemden
1 Nachthemd
4 Paar Strümpfe
1 Taschentuch
1 *Serviette in Wagen*
1 Mütze
1 Nachtwestchen
1 weißes Westchen
Pantoffeln
Rasierzeug
Frisierzeug
Chokolad. Kanne. (WA I 34.2, 73-75)

Eingedenk seiner reichen Reiseerfahrungen, sann Goethe »über die Methode der Beobachtung auf Reisen, über Bemerken und Aufzeichnen« nach und entschloß sich zu einer bequemen Sammlungs- und Tagebuchform, mit der er die Ergebnisse seiner weiteren Reise in die Schweiz produktiv zu machen gedachte. Damit war der ursprüngliche wissenschaftliche Zweck der geplanten Italienreise beibehalten und auf die Schweiz übertragen worden. Über seine Methode einer weitestgehend objektiven Urteilsfindung hat sich Goethe selbst Rechenschaft gegeben. Ausgehend von seiner Maxime, sich »so viel als möglich zu verleugnen und das Objekt so rein, als nur zu tun wäre«, in sich aufzunehmen (WA I 35, 12), kam er zu folgendem Verfahren: »Ich habe mir daher Akten gemacht, worin ich alle Arten von öffentlichen Papieren, die mir jetzt begegnen: Zeitungen, Wochenblätter, Predigtauszüge, Verordnungen, Komödienzettel, Preiskurrente, einheften lasse und sodann auch sowohl das, was ich sehe und bemerke, als auch mein augenblickliches Urteil einschalte. Ich spreche nachher von diesen Dingen in Gesellschaft und bringe meine Meinung vor, da ich denn bald sehe, inwiefern ich gut unterrichtet bin und inwiefern mein Urteil mit dem Urteil wohlunterrichteter Menschen übereintrifft. Sodann nehme ich die neue Erfahrung und Belehrung auch wieder zu den Akten, und so gibt es Materialien, die mir künftig als Geschichte des Äußern und des Innern interessant genug bleiben müssen.«[130]

Auf der Grundlage dieser gezielt zusammengetragenen landeskundlichen Informationen konnte Jahre später, 1823/24, die autobiographisch gefärbte ›Reise in die Schweiz 1797‹ entstehen, ein Werk, das als die klassische deutschsprachige Reisebeschreibung über die Schweiz in die Literaturgeschichte eingegangen ist.

Am 25. August reiste Goethe von Frankfurt ab. Den Reisekoffer hatte er bereits Tage vorher mit der Post nach Stuttgart abgehen lassen, wo er selbst und Geist am 29. eintrafen. Dazwischen lag eine angenehme Reise bei gutem Wetter über die Bergstraße mit Aufenthalten in Heppenheim, Heidelberg, Heilbronn und Ludwigsburg. Wegen der zunehmenden Hitze wurde in Stuttgart die Fahrt für einige Tage unterbrochen. Goethe schrieb an Christiane: ». . . das Obst ist sehr gut geraten, und ich habe mich gestern zum erstenmal seit langer Zeit wieder in fürtrefflichen Mirabellen satt gegessen, die ich doch Dir und dem Kinde lieber gegönnt hätte.« (WA IV 12, 273) Seinen Geburtstag hatte er recht angenehm in der Umgebung von Stuttgart verbracht, wo er u. a. den Bildhauer Johann Heinrich Dannecker und den Maler und Baumeister Nikolaus Friedrich Thouret kennenlernte, der im Jahr darauf als Leiter des Schloßbaus nach Weimar berufen wurde.

Auf dem Wege selbst hatte Goethe kaum, um so mehr aber in den Wirtshäusern gelitten. Welcher Art diese Beschwerden waren, schilderte der Reisende selbst in launig-sarkastischem Ton in einem Brief an Schiller aus Stuttgart, wo er »eines der schlimmsten Wanzenabenteuer im Bauche des römischen Kaisers zu überstehen« (WA IV 12, 274) und folglich eine schlaflose Nacht hatte.

Nach mehrtägigem Aufenthalt in Stuttgart reiste Goethe nach Tübingen weiter, wo er als Gast bei Johann Friedrich Cotta einkehrte. »Durch die Gelassenheit, womit ich meinen Weg mache, lerne ich, freilich etwas spät, noch reisen« (WA IV 12, 284), schrieb er aus Tübingen an den Freund Meyer; und Herzog Karl August teilte er mit, »der Genuß der schönen Stunden« während seiner Fahrt über die Bergstraße sei lediglich »durch die sehr ausgefahrnen Wege einigermaßen unterbrochen« worden. (WA IV 12, 285)

Mitte September erreichte Goethe, wie 1775 und 1779 über Schaffhausen reisend, Zürich, wohin ihm Johann Heinrich Meyer entgegenkam. Die Fahrt bis Zürich war wiederum bei schönem Wetter vonstatten gegangen; auch meldete Goethe eine tiefe Zufriedenheit über seinen »Schwager« – einen »gebornen akademischen Pferdephilister« (WA IV 12, 304) –, der sie glücklich nach Zürich gebracht habe. Einziger Wermutstropfen war der Verlust eines kleinen roten Portefeuilles, das die Reiserechnungen enthielt.

In Zürich mied Goethe den Umgang mit dem zwanzig Jahre vorher noch enthusiastisch gefeierten Lavater. Der ›Kranich‹, der ›Schuhu‹ mit seiner moralisierenden Weltauffassung, seinem starren Theologendogma, war dem Weitgereisten bereits während der zweiten Schweizreise 1779 suspekt geworden. Schulmeisternde Briefe bis hin zum Verdikt über das ungebundene Leben in Weimar nach 1775 hatten den offenen Bruch herbeigeführt; selbst mit Barbara Schultheß, jener Vertrauten aus vergangenen Jahren, ließen sich Mißverständnisse nur langsam ausräumen.

Bereits am 21. September, nach Überfahrt mit dem Schiff über den See, langte Goethe mit Meyer in dessen Heimatort Stäfa an, von wo Christiane erfuhr, daß für Ende Oktober/Anfang November die Rückreise geplant sei. Nicht allein der Wunsch nach dem ruhigen und bequemen Haus am Frauenplan, wo man den Winter bei geordnetem Tagesablauf, fleißig arbeitend, viel angenehmer verbringen konnte, sowie die Kriegswolken am Horizont mögen Goethes ›Heimweh‹ erklären; auch die »kleine unheilige Familie« selbst zog ihn zurück. »Sage aber niemanden noch davon und laß die Leute im ungewissen, ob und wann ich komme«, steht im Brief an Christiane, und: »Denke meiner und mache nicht zu viel Äugelchen, am besten wäre es, Du machtest gar keine, denn es ist auch mir auf der ganzen Reise noch kein einziges vorgekommen. Dagegen wird nur an Dich gedacht und ein schönes Musselin-Kleid ist im Handel.« (WA IV 12, 307)

Vom 22. September an bereiteten sich Meyer und sein Gast auf eine Fußreise vor, die sie nach Einsiedeln, Schwyz und zum Vierwaldstätter See führen, schließlich auf dem Gipfel des St. Gotthard ihren krönenden Höhepunkt finden sollte. Am 28. September fuhren sie von Stäfa aus – wieder mit dem Schiff – nach Richterswil-Einsiedeln, und am 3. Oktober befand sich Goethe zum dritten- und letztenmal auf dem Scheitel des Paßberges, nachdem sie bei ihrer »Berg- und Seereise« »manchen sauern Stieg zurückgelegt« hatten (WA IV 12, 323). Oben angekommen, fanden sie »den Pater Lorenz noch so munter und guten Mutes als vor zwanzig Jahren« (WA III 2, 175) vor. Goethe mögen beim Anblick der Bergwelt und des alten Kapuziners Erinnerungen an jenen Moment gekommen sein, da er vor mehr als zwei Jahrzehnten an eben dieser Stelle mit seinem Gefährten Passavant den Entschluß gefaßt hatte, nicht nach Italien hinabzuwandern. Im Hospiz wurde, wie aus Geists Tagebuch hervorgeht, ein ausführliches Mahl eingenommen: nach Käse folgte eine Reissuppe, in der sich eine Knackwurst befand, danach gab es Pökelfleisch mit guter Soße und Senf, darauf panierten Fisch mit Essig und Zitronen, später Gemsbraten und zum Nachtisch guten Schweizerkäse und Most. Mehrere Flaschen Weines wurden dabei geleert.[131]

Der Rückweg führte Goethe und Meyer über Altdorf und Küßnacht wieder nach Stäfa, wobei Goethe im Tagebuch als »Fehler bei Fußreisen« vermerkte, »daß man nicht oft genug rückwärts sieht, wodurch man die schönsten Aussichten verliert« (WA III 2, 177). Dennoch wurde natürlich mit großem Gewinn beobachtet, notiert, registriert, gesammelt: »Sich durchs unmittelbare Anschauen die naturhistorischen, geographischen, ökonomischen und politischen Verhältnisse zu vergegenwärtigen und sich dann durch eine alte Chronik die vergangnen Zeiten näher zu bringen« gebe »eine sehr angenehme Unterhaltung«, und die Anwesenheit Meyers sei dabei ein unschätzbarer Vorteil. (WA IV 12, 327) Daß »zwischen allen diesen prosaischen Stoffen sich auch ein poetischer hervorgetan hat« (WA IV 12, 328), teilte Goethe Schiller im gleichen Brief am 14. Oktober mit. Dort entwickelte er seinen Plan, die Fabel vom Tell episch zu behandeln, eine Idee, die Schiller in der Folge dermaßen entzündete, daß Goethe den Stoff schließlich an den Jüngeren abgab. Erst viele Jahre später wurde der noch immer im tiefsten Innern schlummernde Wunsch, selbst ein Tell-Epos zu verfassen, endgültig fallengelassen. Schiller gegenüber resümierte Goethe in jenem Schreiben vom 14. Oktober: »Wenn ich Ihnen nun von meinem

Zustande sprechen soll, so kann ich sagen, daß ich bisher mit meiner Reise alle Ursache habe zufrieden zu sein. Bei der Leichtigkeit, die Gegenstände aufzunehmen, bin ich reich geworden, ohne beladen zu sein, der Stoff inkommodiert mich nicht, weil ich ihn gleich zu ordnen oder zu verarbeiten weiß . . . So haben wir in kurzer Zeit mehr zusammengebracht, als ich mir vorstellen konnte, und es ist nur schade, daß wir um einen Monat dem Winter zu nahe sind; noch eine Tour von 4 Wochen müßte uns mit diesem sonderbaren Lande sehr weit bekannt machen.« (WA IV 12, 327 f.)

In Zürich trafen die Reisenden am 22. Oktober wieder ein, und vier Tage später begann die Rückreise nach Weimar, auch beschleunigt durch die Wirren und Gefahren drohender militärischer Auseinandersetzungen in Süddeutschland. Schon aus Stäfa hatte Goethe an Karl August geschrieben, daß nach der »unglaublichen Ruhe« der Bergwelt – wörtlich und politisch gemeint – ihnen nunmehr »vom Rhein und aus Italien her das Kriegsgeschrei« nach- und entgegenschalle. (WA IV 12, 332) Waren eintreffende Kriegsnachrichten nur die ersten Vorboten möglicher Gefährdungen, so hatten sie doch für den Reisenden in solchen Zeitläuften gleich finanzielle Konsequenzen. Goethe notierte diesbezüglich schon in Frankfurt, daß der gemeine Soldat jetzt »sehr aufs Geld begierig« sei, »weil er keins erhält«. »So hält z. E. auf dem Wege nach den Bädern jede ausgestellte Post die Reisenden an, untersucht die Pässe und ersinnt alle erdenkliche Schwierigkeiten, die man durch ein kleines Trinkgeld gar leicht« beheben könne oder aber durch zeitaufwendiges Feilschen überwinden müsse. (WA IV 12, 249)

Goethe verfuhr in solchen mißlichen Lagen nach der pragmatischen Faustregel: »Für einen Reisenden geziemt sich ein skeptischer Realism.« (WA IV 12, 231) Das war um so angebrachter, als sich im Reisegepäck neben Kunstsachen – so z. B. der Kopie der ›Aldobrandinischen Hochzeit‹ – auch zahlreiche in der Schweiz erworbene oder selbst zusammengetragene Mineralien befanden, nicht zuletzt Persönliches, das der Gatte und Hausvater den Zurückgebliebenen zur Freude mitbrachte. An Christiane schrieb Goethe aus Zürich, daß er »für die weibliche Welt« seines Hauses schon gesorgt habe: »Einen genähten Musselin für Dich von besonderer Schönheit, ein mit Blümchen gewirkter für Ernestinen und Halstücher mit allerlei Kanten, damit von der Tante an die übrigen Hausgenossen erfreut werden können. Ich habe mir auch kleine Tücher um den Hals gekauft, fürchte aber, Du wirst mir sie wegkrapseln, denn sie werden auch um den Kopf artig stehen. Alles zusammen ist nach der neusten Mode, besonders ist Dein Kleid sehr schön, es ist aber auch nicht wohlfeil. Ich habe es noch nicht, denn ich habe es nach dem Muster aus der ersten Hand gekauft und erwarte es von St. Gallen, wo die Fabrik ist. Bei den Mustern tat einem die Wahl weh, aber Meyer und ich waren doch zuletzt einig.« (WA IV 12, 348 f.)

Von Zürich aus hatte Goethe Cotta in Tübingen mitgeteilt, daß er mit Meyer komme und »diesmal im Wirtshause abtreten« wolle, um den Verleger in seinem Haus nicht zu belästigen. Ein zuvor geplanter Abstecher nach Basel kam nicht mehr zustande, da »Jahrszeit, Wetter und Weg . . . nun nicht mehr einladend« (WA IV 12, 352) waren, auch »alles unglaublich teuer« (WA IV 12, 353) gefunden wurde. »Ich kann aber auch wohl sagen«, steht im Brief an Christiane vom 30. Oktober, »daß ich nur um Deinet- und des Kleinen willen zurückgehe. Ihr allein bedürft meiner, die übrige Welt kann mich entbehren.« (WA IV 12, 353 f.) Bereits aus Frankfurt hatte Goethe Schiller gegenüber die Hoffnung geäußert, Meyer, die »reine und treufortschreitende Natur, unschätzbar in jedem Sinne«, möge nach Weimar kommen. »Ich will nur eilen, ihn wieder persönlich habhaft zu werden und ihn dann nicht wieder von mir lassen«, bekundete Goethe seine Absicht (WA IV 12, 229), die er schließlich auch verwirklichte.

Am 20. November erreichte die Kutsche Jena, wo Schiller getroffen wurde, am selben Tage dann das heimatliche Weimar, wo die Familie in die Arme geschlossen werden konnte. Die beschwerlichen, weil »verdorbenen« Chausseen, über die Goethe Cotta noch von Nürnberg aus die »betrübteste Relation« ankündigte, lagen hinter ihnen. Um so erfreulicher versprach – angesichts der Jahreszeit – das Auspacken der mitgebrachten Schätze zu werden; die gegenüber Schiller bekundete äußerste Erbauung durch die »ächte poetische Begeisterung« eines Vossischen Liedes wird hier verständlich:

Dicht gedränget Mann und Weib
Pflegen wir mit Punsch den Leib,
Wie den Fuchs die Grube
Wärmet uns die Stube. (WA IV 12, 356)

Zweite Rheinreise 1815

»Überall find ich nur Gutes und Liebes.«

Als sich Goethe im Jahre 1815 zu seiner zweiten Rheinreise rüstete, traf er als weitgereister und weltkundiger Mann, ruhig und ohne Eile das Unternehmen abwägend, seine gründlichen Vorbereitungen. Der Sechsundsechzigjährige gedachte die wohltuende Wirkung einer Wiesbadener Bade- und Trinkkur zu nutzen, hatte aber gleichzeitig die Absicht, in arbeitsamer Abgeschiedenheit seine literarischen und wissenschaftlichen Vorhaben weiter zu verfolgen. Die schließlich am 24. Mai 1815, in immer noch vielbewegter Zeit angetretene Fahrt, die entgegen allen Plänen erst am 11. Oktober mit der Rückkunft nach Weimar endete, ermöglichte zahlreiche Kunstgenüsse und zeitigte wichtige schriftstellerische Resultate. Nicht zuletzt standen menschliche Begegnungen zu Buche, von denen Goethe jene mit Marianne von Willemer zu den unverzichtbarsten seines Lebens rechnen durfte.

Seit dem 21. Mai wurde die Equipage in aller Ruhe zur Reise vorbereitet, hatte Karl Stadelmann, der Kutscher, Diener und Schreiber in einer Person war, die umfänglichen Manuskripte, Vorarbeiten, Schreib- und Reiseutensilien zu sondern und einzupacken, auf die der bereits bejahrte Geheimrat nicht mehr verzichten wollte. In vier Reisetagen wurde sodann die Strecke in rascher Fahrt bewältigt: am 24. Mai brach man morgens 5 Uhr in Weimar auf, 7.30 war Erfurt, 11 Uhr Gotha, 15 Uhr Eisenach erreicht. »Unterwegs meist Orientalisches« (WA III 5, 162), vermeldet das Tagebuch: Goethe arbeitete auch auf der Reise am Manuskript des ›West-östlichen Divans‹. Am zweiten Reisetag gelangte er bis Fulda, am dritten traf er abends gegen 20 Uhr nach fast vierzehnstündiger Fahrt – einschließlich der fünf Pferdewechsel – in Frankfurt ein. Am 27. Mai 1815 kamen die beiden Weimarer gegen Mittag in Wiesbaden an und nahmen Quartier im Gasthof ›Zum Bären‹.

Bereits nach einer Woche konnte Goethe seiner Frau Christiane sein völliges Zufriedensein brieflich melden: »Nun bin ich so ziemlich eingerichtet, ich wohne allerliebst, aber teuer, esse gut und wohlfeil, Wein habe ich von Frankfurt verschrieben und werde mich also in diesen Hauptpunkten bald wohl versorgt finden. Morgens, nach köstlichem Schwalbacher Wasser, bade ich in dem heilsamen Wiesbade, das alles bekommt mir recht gut, und ich kann dabei tätig sein.« (WA IV 26, 4)

Die ersten Wochen des Kuraufenthaltes waren von rastloser Tätigkeit gekennzeichnet: Der Dichter arbeitete intensiv am Manuskript seiner ›Italienischen Reise‹. Wie lange schon üblich, diktierte er seine Werke, hin- und herlaufend, dem nunmehrigen Schreiber Karl Stadelmann, der seinen nicht leichten Aufgaben recht ordentlich nachkam, wobei er sich stets dem Rhythmus seines Herrn anbequemen mußte. Seinem Sohn August schrieb der Vater: »Wie viel man tun kann, anhaltend, in sechzehn bis siebzehn Stunden, sich selbst gelassen und mit entschiedenem Zweck, erfahre ich wieder, seit langer

Zeit zum erstenmale. Die sizilische Reisegeschichte geht ihren lustigen Gang, ich diktiere sogar im Bade.« (WA IV 26, 8)

Nicht nur das autobiographische Werk wuchs; geradezu frappierend ist die thematische Breite des Stromes an Korrespondenzen, die Goethe auch als Kurpatient abwickelte: An Boisserée ergehen Briefe kunstwissenschaftlichen Inhalts, mit Christiane werden Alltagsfragen, mit dem Sohn August geologische, poetische und Geschäftssachen durchgegangen, mit Kirms und Genast Theaterdinge befördert, mit dem Jenenser Professor Döbereiner Nova in Physik und Chemie sowie Details der Stahlherstellung ausgetauscht, mit dem Intimus Meyer über Griechenlieder und die Zeichenschule Meinungen ausgetauscht, mit dem Verleger Cotta wird der Kontrakt einer Werkausgabe über 16 000 Taler Honorar abgeschlossen, mit dem weimarischen Minister Voigt sowie dem in Nassau weilenden Freiherrn vom Stein über die weltpolitische Entwicklung konferiert, mit Bertuch über ein Rostocker Standbild Blüchers, das Schadow fertigen soll, verhandelt, mit Wallraf über Kunstsammlungen gefachsimpelt, beim Fürsten Metternich bedankt sich Goethe für die Verleihung des österreichischen Kommandeurkreuzes des Leopold-Ordens – kurz, eine schier unübersehbare Flut von Briefen läuft ein, wird durchdacht und beantwortet.

Dabei erholte sich Goethe bei angespanntestem Tätigsein durchaus in der Atmosphäre der Kurstadt. »Indessen genießt man schon hier Schotenerbsen, auch ausgelieferte; was aber besonders erfreulich ist, wird doch immer der Salmen bleiben, dessen Portion mit trefflicher Gelée man, zu jeder Stunde, für 30 Kreuzer im Kursaal haben kann. Es ist jetzt grade seine rechte Zeit, ich muß mich nur in acht nehmen, daß ich mich nicht daran überesse. Herzkirschen stehen schon, in großen Körben, an allen Ecken« (WA IV 26, 5), schrieb er der für solche Fragen aufgeschlossenen Christiane. Und weiter zum Wohlbefinden, ebenfalls an Christiane: ›Mein Speisewirt nährt mich zwar nicht köstlich, dabei ist aber angenehm, daß sie einem zubereiten, was man ihnen schickt. Brentanos haben mich von Frankfurt mit Artischocken versehen, heute sind große Krebse gekauft worden, von welchen das Stück etwas über 3 Kreuzer kostet. An Konfekt und getrockneten Früchten zum Nachtisch, nicht weniger an Chocolade lassen es die Freunde auch nicht fehlen. Roten und weißen Wein ließen sie mir gleichfalls zurück. Ferner habe ich einen Petit-Burgunder verschrieben, die Bouteille einen leichten Gulden, hier auf der Stelle, ein sehr angenehmer und trinkbarer Wein. Auf einem nahen Lustorte, der Geisberg genannt, findet sich treffliches Pökelfleisch, von welchem mir der freundliche Wirt manchmal ein Stück hereinsendet. Denkt Ihr nun noch gutes Brot und Brezeln dazu, so seht Ihr ein, daß mir von dieser Seite nichts abgeht.« (WA IV 26, 17 f.) In allen Punkten scheint Goethe somit nicht den Ernährungsauflagen der Kurärzte gefolgt zu sein; ». . . man kann auch nicht viel Sprünge machen, denn das Bad ist auf die Länge doch angreifend und regt die Übel auf, die man gerne los sein möchte. Die Ärzte verweisen uns zur Geduld und Ordnung« (WA IV 26, 17), heißt es im gleichen Brief.

Nichts scheint alles in allem diese bis zur Neige gefüllten Tage gestört zu haben. Nicht einmal die Schlacht von Waterloo am 18. Juni 1815, die die tagespolitischen Gemüter in ganz Europa erhitzte, wurde in diesen Arbeitswochen sonderlich zur Kenntnis genommen.

Als viel gewichtigere Störung erwies sich für Goethe dagegen die Ende des Monats Juni ausbrechende Krankheit des Dieners Stadelmann, dessen Schreiberdienste ihm entscheidend sein produktives Arbeits- und Badeleben ermöglicht hatten. Durch die Krankheit dieses Gehilfen ruhte nicht nur die schriftstellerische Tätigkeit, sondern der an bereitwillige und dienstfertige Helfer seit langem gewöhnte Goethe war nun genötigt, selbst zurechtzukommen. »Denn als ich eben eingerichtet und Kur und Tätigkeit recht im Zug war, wurde Karl *sehr* krank, weshalb ich, mit großen Unstatten, von vorne anfangen mußte, mich zu rücken und zu schicken« (WA IV 26, 22), schrieb er halb selbstironisch, halb resignierend an den Sohn August, und Meyer vertraute er am gleichen Tage an, daß ihm »vierzehn Tage aufs schmählichste verloren« gegangen seien (WA IV 26, 25). Freilich überwog letztlich trotz der Disziplin heischenden Arbeitspläne das menschliche Mitgefühl: »Dieser gute Mensch erholt sich nun wieder«, schrieb Goethe Anfang Juli, »und ich will die vierzehn böse Tage gern verschmerzen, wenn ich ihn wieder herumkrabeln sehe.« (WA IV 26, 28) Indessen sorgten die militärischen und politischen Wirrungen für äußere Unruhe in der Kur- und Badestadt. Selbst Talleyrand hatte sich für kurze Zeit in Wiesbaden eingemietet: »Ein Elefant von Reisewagen steht noch hier« (WA IV 26, 31), kommentierte Goethe etwas spöttisch. Stadelmanns Krankheit und die Unsicherheiten auf den Straßen durch herumziehendes Militär bewogen Goethe, den ursprünglichen Reiseplan zu verändern: »Ich denke noch ein Stückchen Badekur mitzunehmen, in Frankfurt wenige Tage mich herumzukomplimentieren und dann nach Hause zu eilen. Die Menschen sind alle so erstaunend in Agitation, daß ich mich recht wieder zum Koppenfelsischen Giebel sehne« (WA IV 26, 35 f.), schrieb Goethe an Christiane am 11. Juli, dabei auf einen vertrauten Anblick aus dem Weimarer Wohnhaus anspielend. Mitte Juli konnte der Kurreisende eine erste Bilanz seiner mittlerweile achtwöchigen Reise ziehen. Nicht ohne Galgenhumor schrieb der Dichter am 16. Juli an Gräfin Constanze von Fritsch: »Die Geschichte meiner Wanderungen teilt sich in zwei Epochen, eine günstige und eine widerwärtige. Gute Wirkung des Bades, schönes Wetter, gemäße Tätigkeit, ununterbrochen fast einen Monat; dann kaltes Wetter, Karls Krankheit, worüber ich in Mißmut und Untätigkeit verfiel, indem ich zugleich einen Diener, Rechner und Schreiber vermißte. Nun scheint sich's mit allem wieder ins Bessre zu schicken. Auch die Übel sind nicht ohne Vorteil geblieben; denn ich habe gelernt, daß man bei meiner Taille, mit Rheumatismus in der Schulter doch noch, wenn's Not tut, enge seidne Strümpfe selbst anziehen kann.« (WA IV 26, 42)

Ende Juli nutzte er die Zwangspause zu einer Kurzreise mit dem preußischen Minister vom Stein von Wiesbaden nach Köln, die dem Studium altdeutscher Baukunst und der zahlreichen privaten Kunstsammlungen diente. Goethe fuhr mit der Kutsche bis Ehrenbreitstein und benutzte dann bis Köln einen Nachen. Im Ergebnis dieser kunstgeschichtlichen Studienfahrt wurde der Gedanke geboren, einen Aufsatz über die ›Kunstschätze an Main und Rhein‹ zu verfassen.

Goethes Lebensgefühl erhielt auf der Kölnfahrt neuen Aufschwung. »Sie haben mich enthusiastisch, ja fanatisch aufgenommen, so daß man es kaum erzählen darf«, berichtete er August von Goethe nach Weimar. Und weiter: »Daß ich mit Herrn v. Stein gerade in diesem Moment die Reise machte, hat viel zu denken gegeben; sonderbar genug ist es, daß sie absichtslos, aus dem Stegreife geschah, gewiß aber nicht ohne Folgen bleiben wird.« (WA IV 26, 51)

In der zweiten Augustwoche wuchs der Wunsch, sich aus den zunehmenden Zerstreuungen des Wiesbadener Kurbetriebes zurückzuziehen. Am 11. August reiste Goethe, begleitet von Sulpiz Boisserée, deshalb über Mainz und Frankfurt auf die Gerbermühle, den Wohnsitz der Familie von Willemer. Die dritte ›Epoche‹ seiner Wanderungen führte Goethe mit der Suleika seiner ›Divan‹-Gedichte, mit der bezaubernden, geistvollen Marianne von Willemer zusammen.

Die Gerbermühle, ein idyllisch am Fluß gelegener, von hohen Bäumen umgebener Landsitz, im September auch das Frankfurter Stadthaus der Willemers wurden die Fixpunkte, von denen aus Goethe zu seinen Erkundungen der umgebenden Kunstlandschaft aufbrach. ». . . kostbare und schätzenswerte Sammlungen zu betrachten werde ich jeden Tag veranlaßt, es ist unglaublich, was Privatpersonen im stillen während diesen traurigen und drängenden Zeiten aufgehäuft und erhalten haben«, schrieb er an den gleichfalls kunstbegeisterten Ken-

ner Karl August. »Hiedurch werde ich denn veranlaßt, zu jenem unternommenen Aufsatz über Kunst und Altertum sammelnd nachzudenken, wobei es mir aber geht wie jenem Zauberlehrling; die Geister, die ich berief, mehren sich, und ich sehe nicht, wie ich sie los werden will; doch wird es am Ende Belohnung sein, sich von diesen Zuständen gründlich unterrichtet zu haben. Eine klare Darstellung derselben kann, da alles im Gären und Werden ist, vielleicht verhüten, daß bei dem besten Willen mancher Mißgriff geschehe. Schon glaube ich in Frankfurt durch diensame Vorstellungen auf manchen schädlichen Wahn die Hauptpersonen aufmerksam gemacht zu haben.« (WA IV 26, 73 f.) Wie groß die Verdienste sind, die Goethe sich bei der allmählich in Gang kommenden Umwandlung der bedeutenden privaten Kunstgalerien und naturwissenschaftlichen Sammlungen in öffentliche Einrichtungen erwarb, indem er Weimarer Erfahrungen und eigene Erkenntnisse an Wallraf in Köln, an Städel, Brentano und Grambs in Frankfurt oder an Gmelin in Karlsruhe weitergab, ist gar nicht mehr völlig zu klären.

17. Ansicht von Schlüchtern
Bleistift, Feder mit Sepia und Tusche, Tuschlavierung; 1815
Inv. Nr. 1290

Unschätzbaren persönlichen Gewinn erbrachte in diesen Wochen der tägliche Umgang mit Sulpiz Boisserée, mit dem er von Wiesbaden über Mainz, Frankfurt, Darmstadt reiste und der den Klassizisten Goethe eigentlich erst wieder für romanische und gotische Kunst erwärmte, ja schließlich begeisterte. Dies waren die Geister, deren er sich nicht mehr zu erwehren wußte. Kein Wunder also, daß das Tagebuch des Monats August immer wieder von der Weiterarbeit an dem Aufsatz ›Kunst und Altertum‹ berichtet.

Wichtiger für Goethe bei diesem letzten Frankfurter Aufenthalt wurde aber der Umgang mit Marianne von Willemer, traf er doch zusammen mit einer Periode wiedererwachter produktiver Kräfte bei dem Dichter.

Im Gespräch mit Eckermann vom 11. März 1828 bezeichnete Goethe diesen Vorgang selbst als »wiederholte Pubertät« oder »temporäre Verjüngung«, derer geniale Naturen fähig seien, und er fuhr fort: »Als mich vor zehn, zwölf Jahren, in der glücklichen Zeit nach dem Befreiungskriege, die Gedichte des ›Divan‹ in ihrer Gewalt hatten, war ich produktiv genug, um oft in einem Tage zwei bis drei zu machen; und auf freiem Felde, im Wagen oder im Gasthof, es war mir alles gleich.«[132]

Schon während der ersten Rheinreise im Jahre 1814 hatte Goethe diese wunderbare Empfindung immenser Arbeitskraft, sicher auch bestärkt durch das beglückende Eintauchen in die seit 17 Jahren nicht mehr betretenen heimatlichen Gefilde, das Zusammentreffen mit alten Freunden und vertrauten Familien, den Schlossers, Brentanos, Staks.

Bereits am 4. August 1814 hatte Goethe in Wiesbaden Marianne Jung kennengelernt, die wenig später den Frankfurter Bankier Johann Jakob Willemer heiratete. Im Jahr darauf, nachdem er wiederum die belebende und verjüngende Kraft der heißen Quellen Wiesbadens genutzt hatte, traf er erneut auf die junge Frau. Sehr schnell entwickelte sich eine tiefe Zuneigung, die erwidert wurde und den Siebenundsechzigjährigen in einen rauschenden Glückszustand versetzte. Es ist Goethe selbst, der als Hatem im ›Buch Suleika‹ singt:

Nicht Gelegenheit macht Diebe,
Sie ist selbst der größte Dieb;
Denn sie stahl den Rest der Liebe,
Die mir noch im Herzen blieb.

Dir hat sie ihn übergeben,
Meines Lebens Vollgewinn,
Daß ich nun, verarmt, mein Leben
Nur von dir gewärtig bin.

Doch ich fühle schon Erbarmen
Im Karfunkel dieses Blicks
Und erfreu' in deinen Armen
Mich erneuerten Geschicks. (WA I 6, 146)

Die poetisch veranlagte Marianne hat an den ›Divan‹-Gedichten der Frankfurter Tage mitgewirkt, z. T. ganze Passagen selbst verfaßt. Die unbeschwerte Zeit ernster und heiterer Geselligkeit auf der Gerbermühle, das halb poetische, halb neckisch-versteckte Maskenspiel zwischen Goethe und der dritten Frau seines Gastgebers haben die grazile Leichtigkeit vieler dieser Gedichte bewirkt, die aus einer allgemeinen Hochstimmung erwuchs: »Überall find ich nur Gutes und Liebes. Bin überall willkommen, weil ich die Menschen lasse, wie sie sind, niemanden etwas nehme, sondern nur empfange und gebe«, verrät der Brief an Christiane vom 27. September rückblickend. »Wenn man zu Hause den Menschen so vieles nachsähe, als man auswärts tut, man könnte einen Himmel um sich verbreiten; freilich ist auf der Reise alles vorübergehend, und das Druckende läßt sich ausweichen.« (WA IV 26, 87 f.) Der am 28. August 1815 im Kreise der Freunde auf der Gerbermühle verbrachte Geburtstag war der äußerliche Höhepunkt dieser glanzvollen und beglükkenden dritten Reiseepoche.

Am 18. September 1815 verließ Goethe seine Vaterstadt Frankfurt; es war ein endgültiger Abschied. Begleitet vom Freund Boisserée fuhr er mit der Kutsche über Darmstadt nach Heidelberg, wo er noch einmal mit den Willemers zusammentraf. Auch die kongeniale Marianne hat Goethe danach nicht wie-

18. Auf dem Main
Bleistift; 1768/70
Inv. Nr. 39

dergesehen. Einem Ausflug nach Mannheim, den der Dichter vom 30. September bis 1. Oktober gemeinsam mit dem nach Heidelberg gekommenen Karl August unternahm, folgte am 7. Oktober der endgültige Aufbruch in Richtung Weimar. Goethe war sich des denkwürdigen Augenblicks bewußt, als er am 1. Oktober an Voigt schrieb: »Es ist wundersam genug, daß ich vor vierzig Jahren, gerade in diesem Monat, durch eine Kalbische Stafette von Heidelberg nach Weimar gerufen wurde. Welch ein Glück, nach so unendlichen Ereignissen, immer noch in gleichem Verhältnis zu stehen und nach einem solchen Kreislauf dieselbe Bahn aufs neue zu betreten.« (WA IV 26, 91)

Den Weg von Heidelberg bis Würzburg legte Sulpiz Boisserée gemeinsam mit Goethe zurück, dort nahm man herzlich und gerührt voneinander Abschied. Bei der Weiterreise in Richtung Meiningen war Goethe allein. Elegische Stimmungen klangen schon im Heidelberger Brief an den bereits abgereisten J. J. Willemer an: »Herzlichen Dank für alles Gute und Liebe. Doch dieser Dank wäre nicht der rechte wenn er nicht eine Schmerzensform annähme. Das werden Sie, Herzenskündiger, zu vermitteln wissen. Wie denn billig diese Worte an die zwei gerichtet sind, die man beneidenswert glücklich verbunden sieht.« (WA IV 26, 93)

Doch Goethe wäre nicht Goethe gewesen, wenn er sich solchen Gedanken passiv hingegeben hätte. Die vielfältigen Kunsterlebnisse verlangten nach sprachlicher Gestalt; der »Dämon, der aus Herrn v. Steins Munde mich zu einem Aufsatz über Altertum, Kunst, ja Wissenschaft in den Rhein- und Maingegenden verführte«, schrieb er an den Herzog, dieser Dämon sei es auch, der ihn »beim Schopfe« fasse und »über Würzburg nach Hause« führe. (WA IV 26, 97)

Unterwegs, kurz vor Meiningen, ereilte ihn auch auf dieser Reise die Weltgeschichte: »Auf den weiten Stoppelflächen hetzten donische Kosaken verschüchterte Hasen. Eine meilenlange Kolonne des russischen Trains retardierte meinen Eilweg, und doch traf ich, gegen acht, bei hellem Mondschein, auf ein schlimmeres Hindernis, indem der Wagen sich umlegte. Da ich aber in den besten Gedanken war, ließ ich mich nicht stören, sondern ging zu Fuße nach der Stadt ...« (WA IV 26, 100) Tags darauf, am 11. Oktober, war er »nach Tische in Weimar«, und bereits am 12. begann er an der endgültigen Niederschrift des Aufsatzes zu arbeiten. Mit dieser zweiten Rheinreise fanden die mittleren Jahre in Goethes Leben ihren Abschluß; der bejahrte Dichter begann sein Alterswerk zu vollenden, nur noch einmal, 1823 in Marienbad, von einer letzten »temporären Verjüngung« beglückt.

Abschied von Böhmen 1823

»Das war nun also wieder einmal ein Badeleben ...«

Als Goethe im Alter von 74 Jahren zu seiner letzten größeren Ausfahrt von Weimar aufbrach, war das Ziel bezeichnenderweise Böhmen. Erstmalig war er im Sommer 1785, seinerzeit mit Karl Ludwig von Knebel, durchs Fichtelgebirge nach Karlsbad gezogen. Nicht nur ein reiches Feld für die mineralogischen Studien hatte sich dem damals sechsunddreißigjährigen werdenden Naturforscher aufgetan, auch die landschaftlichen Reize Böhmens, die vielfältigen geselligen Kontakte der sommerlichen Badegesellschaften im Kurort, die warmen menschlichen Beziehungen zum wachsenden Freundeskreis in Eger, Karlsbad, später Marienbad – all dies ließ die böhmischen Bäder während der nächsten Jahrzehnte zu Goethes beliebtestem Aufenthaltsort werden. Hier gab es zwar vielerlei ablenkende Vergnü-

gungen, dafür entfielen die zahlreichen Zwänge, denen der Allzuberühmte und Vielbeschäftigte in Weimar unentwegt ausgesetzt war: das höfische Protokoll, der Strom oft aufdringlicher Besucher, die amtlichen Verpflichtungen. Karlsbad dagegen ließ ihm Freiraum für fast ungestörtes Arbeiten, bot – bei Bedarf – ausreichende Gelegenheit zu geistreicher Konversation oder entspannender Spazierfahrt, belebte immer aufs neue das mineralogische Interesse; nicht zuletzt hat Goethe die Trinkkuren stets

19. Karlsbad – Johannesfelsen und Kapelle an der Brücke nach Eger
(Bleistift gelöscht); Feder mit Sepia, Sepialavierung; 1812
Inv. Nr. 1267

als heilsam, helfend und nützlich für seine Gesundheit empfunden. Verständlich also, daß er zwischen 1785 und 1823 insgesamt 35mal Böhmen besuchte und dabei so intensiv kennenlernte wie außer Thüringen keine der bereisten Gegenden.

Im Februar 1823 erkrankte Goethe an Herzbeutelentzündung. Langsam nur genas er, und erst im März konnten die Ärzte, bei allmählicher Besserung des Zustandes, von einer Überwindung der Krankheit sprechen. Nach Goethes eigener Überzeugung hatte das Wasser des Marienbader Kreuzbrunnens, das er sich nach Weimar hatte kommen lassen, den Heilprozeß entscheidend gefördert. So war schließlich bei ihm selbst und den beratenden Freunden der Entschluß herangereift, zur endgültigen Konsolidierung seiner Gesundheit eine sommerliche Kur in Marienbad folgen zu lassen, wo er bereits in den Jahren 1821 und 1822 mehrwöchige Trink- und Badekuren mit Erfolg absolviert hatte.

Anfang Juni begann sich Goethe auf die Reise vorzubereiten. Mit Großherzog Karl August, der gleichfalls nach Marienbad zu gehen beabsichtigte, fanden verschiedene Absprachen hinsichtlich der Reise und der Unterbringung statt. Währenddem lief die intensive Beschäftigung mit literarischen, kunstgeschichtlichen und naturwissenschaftlichen Gegenständen uneingeschränkt weiter, wurden Briefe diktiert und entgegengenommen, Besuche empfangen, unzählige Themen durchgesprochen und tausenderlei andere Dinge betrieben. Am 24. und 25. Juni vermerkt das Tagebuch »fortgesetztes Einpacken« (WA III 9, 66) der Reiseutensilien, Manuskripte und sonstigen Arbeitsgegenstände, die der unermüdlich Tätige mitzunehmen gedachte.

An den alten Freund Knebel schrieb Goethe: »Ich bereite mich zu meiner Abreise, welches mir diesmal besonders viel zu schaffen gibt; denn gar manches durch unsere Winter- und Frühjahrsübel Retardierte mußte nachgeholt werden.« (WA IV 37, 95) Noch unmittelbar vor der Abreise, sozusagen »wahrhaft aus dem Stegreife« (WA IV 37, 104), diktierte der Dichter Briefe an Freunde und Korrespondenzpartner, ehe er am 26. Juni nach acht Uhr früh mit seinem Sohn August von Jena aus aufbrach.

Entlang der Saale führte die Reise traditionell zunächst über Kahla bis nach Pößneck, wo man jeweils über Nacht blieb. Am 28. Juni brach zwischen Pößneck und Volkmannsdorf die Waage, »wurde jedoch durch eine junge Tanne ersetzt« (WA III 9, 67). Bei starkem Regen erreichte das Fahrzeug Schleiz, wo man Mittag aß, gegen Abend Gefell, wo sich Goethe »einige weiche Eier sieden« ließ, um dann nach Hof weiterzufahren. Wie immer wurde dort im Gasthof ›Zur Post‹ übernachtet.

Dieser Abschnitt der böhmischen Route war seit Jahrzehnten ob seiner üblen Straßenverhältnisse verrufen. Ein Reisender im Jahre 1805 schilderte die strapaziöse Strecke wie folgt: »Diese bösen Wege begleiteten uns durch die reußischen Lande bis ins Fränkische und wurden fast mit jedem Schritte übler. Wir mußten, teils um den Wagen zu erleichtern, teils weil es des starken Schwankens wegen darin nicht auszuhalten war, sehr oft zu Fuße gehen. Besonders schrecklich war der Weg hinter Schleiz bis nach Gefäll. Wir machten ihn beinah ganz zu Fuße. Bald mußte man rechts, bald links den Wagen halten, damit er nicht umschlagen möchte: Die Pferde standen jede Minute still; der Postillon schimpfte; und da die Dunkelheit der Nacht die bessern Stellen zu wählen nicht immer erlaubte, so mußte einer von uns vorangehen, um die Wege zu rekognoszieren und die Pferde zu leiten. Der Wagen krachte, und ich zweifelte, ihn ferner zur Reise gebrauchen zu können. Die niedrigen Räder desselben, die sonst nicht vorteilhaft sind, retteten uns diesesmal; denn sie erreichten die tiefen Spuren bei weitem nicht, sondern der Wagen schleifte gleich einem Schlitten nur auf den Achsen. Was uns diese Fahrt noch unangenehmer machte, war ein kalter Regen, der uns bis auf die Haut durchnäßte. [–] Möchte doch der Landesfürst bei ähnlichem Wetter in diesen Wegen reisen; so dürfte es vielleicht den wohltätigen Nutzen haben, daß sie zum Besten der Reisenden verbessert würden.«[133]

Am 29. Juni ging die Fahrt bei leidlichem Wetter zunächst bis Asch, wo Goethe von einem alten Bekannten, dem Postmeister Langheinrich, »nach sei-

ner Weise derb, lebhaft und wohlgesinnt« begrüßt wurde und »von einem hiesigen Naturdichter« ein Gedicht überreicht bekam. (WA III 9, 67) Über Franzensbrunn erreichte man Eger, wo in der ›Sonne‹ logiert wurde und ein treuer Freund in mineralogischen Dingen sofort zur Stelle war: Polizeirat Grüner. Goethe empfing weitere Besucher, arbeitete an verschiedenen Unterlagen, diktierte Briefe, indes der Kutscher, Karl Stadelmann, mit der Equipage nach Marienbad voranfuhr. Goethe selbst traf am 2. Juli im Kurort ein, und fast parallel erreichten auch Karl August und sein Leibarzt, Hofrat Rehbein, den Ort. Damit hatte sich die Reise von Jena nach Marienbad, für die man normalerweise etwa vier Tagesreisen benötigte,[134] mit Rücksicht auf die Konstitution des Rekonvaleszenten auf fast sieben Tage verlängert.

20. Der Borschen bei Bilin
Feder mit Tusche, Tusch- und Sepialavierung; 1810
Inv. Nr. 2011

Folgt man den Tagebucheintragungen, so hat sich Goethe auch in diesem Jahre nicht ganz exakt dem Kurregime unterworfen. In Karlsbad z. B. war folgender Kurablauf gefordert: Frühmorgens gab es lediglich zwei bis drei Glas Sprudel, und erst nach erfolgten Körperfunktionen wurde ein kurzes erstes Frühstück eingenommen. Nach ausgiebigem Spaziergang war den Kurgästen ein leichtes Mittagessen anempfohlen, das etwa aus Forellen oder Geflügel und einem Glas Weißwein bestehen konnte. Anschließend pflegte man zwei Stunden der Ruhe, und erst danach war es üblich, sich den nachmittäglichen und abendlichen Vergnügungen der Bade- und Kurgesellschaft hinzugeben.[135]

Goethe allerdings war auch in Marienbad weiter nach seinem gewohnten Rhythmus tätig: meist stand er schon um 5 Uhr auf, und die ersten Stunden des beginnenden Tages gehörten nach der vorgeschriebenen Trinkprozedur der Arbeit an den zahlreichen Manuskripten. Zur Zeit dieser Reise schrieb er an autobiographischen Texten. Vor und nach dem Mittagstisch lagen meist Besuche und Gegenbesuche, Lesestunden, auch Spaziergänge und kürzere Ausfahrten in die nähere Umgebung. Abends stand häufig die Teilnahme an Gesellschaften auf dem Programm, wo der greise Dichter verständlicherweise den Dreh- und Angelpunkt der Konversationen und der Betriebsamkeit bildete. Verschiedentlich – und es wird erkennbar, daß sich Goethe keinerlei Zwang antun wollte – blieb er auch im Quartier, »das schöne Wetter aus dem Zimmer genießend« (WA III 9, 73), um sich langjährigen Lieblingsbeschäftigungen zuzuwenden; da der Kutscher Stadelmann, angeregt durch seinen Herrn, selbst leidenschaftlicher Steinsammler war, verwundert es nicht, daß Goethe mit ihm dessen geologische Sammlungen durchging oder »die Marienbader Suiten zusammenzustellen« anfing (WA III 9, 73). Die »sorgfältig-bequeme Reise« (WA IV 37, 120) begann sich allmählich wohltuend auszuwirken. Bereits aus Eger hatte Goethe an den in Weimar zurückgebliebenen Freund Meyer geschrieben: »Bei meiner Abreise befand ich mich nicht zum besten und wünschte mich wieder nach Hause, besonders da der zweite Tag kalt, regnig und ungestüm war. Jetzt steht es mit mir und dem Himmel besser, möge die Folge gleichfalls günstig sein . . .« (WA IV 37, 111) Tatsächlich steigerte sich das Wohlbefinden in Marienbad weiter: »Ich befinde mich in diesen Tagen ungleich besser und werde mich möglichst halten, damit es noch besser werde und ich, diese Wochen wenigstens, in zufriedener Tätigkeit verharren könne.« Angesichts der guten Verpflegung kehrte Goethe auch der Humor zurück: »Von den hier vorgefundenen vorjährigen Weinflaschen bring ich einige mit«, schrieb er an den Sohn weiter, »auf daß Du Dich erzürnst und unsern Weinhändlern das Gewissen schärfst, wie sie, trotz allem Versprechen, uns aufs beste zu versorgen, nach und nach, auf unsere Gutmütigkeit sich verlassend, von dem trefflichsten zu dem schwächsten Weine heruntergesunken sind. . . . [–] Und nun, von einem Hauptbedürfnis zu sprechen, kann ich wohl sagen, daß mein Tisch sehr gut ist; ich lasse das Essen aus dem Traiteur-Hause holen, wo ich sechs Schüsselchen erhalte und mir soviel auswählen kann, daß ich satt werde, alles ist gut und schmackhaft gekocht. Der Graveswein ist sehr gut wie vor'm Jahr, und findet sich angenehmer Lünel und Ungarischer.« (WA IV 37, 113 ff.)

Unter diesen freundlichen Begleitumständen begegnete Goethe in Marienbad der Familie Levetzow wieder, die er bereits während der vorhergehenden Aufenthalte in diesem Ort kennen und schätzen gelernt hatte. Während jedoch in den Jahren davor Ulrike, die älteste Tochter, bestenfalls sein väterliches Wohlwollen auf sich zu ziehen vermocht hätte, erweckte das hübsche neunzehnjährige Mädchen diesmal eine leidenschaftliche Zuneigung bei dem vierundsiebzigjährigen Goethe.

Am 11. Juli war Amalie von Levetzow mit ihren Töchtern Bertha, Amélie und Ulrike in Marienbad eingetroffen. »Die Gesellschaft ist sehr gut«, schrieb Goethe an diesem Tag an Knebel, »man kann sagen glänzend . . . Schöne Frauen machen sich bemerken, zu Wagen, zu Pferde und Fuß; wöchentlich werden Bälle gegeben, und zu ernsterer Unterhaltung fehlt es nicht an gereisten Diplomaten und sonst erfahrnen Weltmenschen.« (WA IV 37, 125) Nicht mehr Meteorologie oder Geologie, sondern eine ständig unruhige Gemütsverfassung bewegte jetzt den sonst so gefaßten Greis; hatte er vorher mit anderen leidenschaftlichen Bergfreunden »die Felsen rings umher zusammengepocht« (WA IV 37, 121), an seiner Biographie gearbeitet und wissenschaftlichen Projekten nachgehangen, so nahmen nun die Levetzows, vornehmlich Ulrike selbst, seine Tage in Anspruch. Die Terrasse vor den Quartieren Goethes, der Levetzows und weiterer Mitglieder der fröhlich-unbeschwerten Kurrunde war häufiger Schauplatz der sich entwickelnden Romanze. Spaziergänge, Gespräche, abendliche Bälle – »Es wurde gehupft und galoppiert wie immer« (WA III 9, 93) –, Goethe ließ kaum eine Gelegenheit verstreichen, seiner Angebeteten aufzuwarten. Die Gefühlsaufwallung, aber auch das jugendliche Tanzen und Herumstreifen mit den Levetzowschen Töchtern zeitigten schließlich erste Konsequenzen: »Bekam mir nicht« und mehrfach »schlimme Nacht« sind leise Fingerzeige im Tagebuch, daß diese späte Liebe in Goethe einen Zustand hervorgerufen hatte, der ihn sogar zur Konsultation des Arztes Dr. Heidler und zur Einnahme »Heidlerischer Rezepte« nötigte.[136] Bezeichnenderweise war Goethe in diesen Marienbader Tagen so sensibel, daß er bei dem beeindrukkenden Gesang der Berliner Sopranistin Milder in Tränen ausbrach und beim Vorspiel der bezaubernden polnischen Pianistin Marie Szymanowska geradezu erschrocken die »ungeheure Gewalt der Musik« konstatieren mußte.[137] Goethe vermochte selbst Großherzog Karl August zu einem diskreten Vorstoß in seiner Liebesangelegenheit bei der Mutter Levetzow zu bewegen, die jedoch diese delikate Angelegenheit diplomatisch zu umgehen wußte.

Mitte August reisten der Großherzog und zahlreiche noble Gäste, darunter auch die Levetzows, ab; mit dem Weggang Ulrikes war Goethe »die belobte Terrasse zur vollkommnen Wüste geworden« (WA IV 37, 163). Den Verliebten hielt es nicht lange in Marienbad; bereits am 25. August war Goethe, in vierstündiger Fahrt von Eger kommend, in Karlsbad, wohin er bereits vier Tage vorher der »allerliebsten Ulrike« ein ungeduldiges Briefchen gesendet hatte. Nicht im traditionellen Quartier, den ›Drei Mohren‹, sondern im ›Goldenen Strauß‹, eine Etage über den Levetzows, schlug er sein Domizil auf. Noch einmal bildete Ulrike den Mittelpunkt seiner Tage, selbst den 28. August, seinen Geburtstag, verbrachte Goethe mit der Familie. An diesem Tage jedoch war auch die endgültige Entscheidung gegen eine Verbindung mit Ulrike gefallen, obwohl sie nie definitiv ausgesprochen wurde. Die nächsten Tage bis zur Abreise vergingen Goethe im elegischen Gefühl, etwas Unwiderbringliches endgültig verloren zu haben. Am 5. September, nachdem sich ein »etwas tumultuarischer Abschied« (WA III 9, 109) am Wagen abgespielt hatte, verließ Goethe den »böhmischen Zauberkreis«. Auf der Rückreise über Eger, Hof, Jena nach Weimar begann sich Goethe noch einmal von einem Liebeserlebnis dichtend zu befreien, das ihm, dem Verjüngten, Glücksrausch und bitteren Verzicht zugleich gebracht hatte.

»Das war nun also wieder einmal ein Badeleben« (WA IV 37, 163), hieß es am 14. August recht schwermütig im Brief an Ottilie von Goethe, und an Karl Friedrich Zelter vom 24. Juli: »Reise, neue Gegenstände, Veränderung aller Art, sogar auch Unbequemlichkeit, neue An- und Eingewöhnung riefen mich eigentlich wieder ins Leben.« (WA IV 37, 134) Die ›Marienbader Elegie‹, eine der wunderbarsten und ergreifendsten Dichtungen, die Goethe hinterlassen hat, gab das bedeutsamste Ereignis dieser Reise poetisch wieder:

> Der Kuß, der letzte, grausam süß, zerschneidend
> Ein herrliches Geflecht verschlungner Minnen.
> Nun eilt, nun stockt der Fuß, die Schwelle meidend,
> Als trieb' ein Cherub flammend ihn von hinnen;
> Das Auge starrt auf düstrem Pfad verdrossen,
> Es blickt zurück, die Pforte steht verschlossen.
> . . .
> Verlaßt mich hier, getreue Weggenossen!
> Laßt mich allein am Fels, in Moor und Moos;
> Nur immer zu! euch ist die Welt erschlossen,
> Die Erde weit, der Himmel hehr und groß;
> Betrachtet, forscht, die Einzelheiten sammelt,
> Naturgeheimnis werde nachgestammelt.
> (WA I 3, 21 f., 25 f.)

Anhang

Anmerkungen

Alle Zitate wurden entspechend heutiger Orthographie und Interpunktion behutsam modernisiert.

Texte aus Goethes Werken, Briefen und Tagebüchern werden in der Regel zitiert nach: Goethes Werke. Hrsg. im Auftrage der Großherzogin Sophie von Sachsen Weimar 1887–1919 (Weimarer Ausgabe). Abteilung I: Poetische Werke und Schriften; Abteilung II: Naturwissenschaftliche Schriften; Abteilung III: Tagebücher; Abteilung IV: Briefe (Sigle: WA). Der Nachweis erfolgt durch Angabe von Abteilung, Band, Seite im laufenden Text.

1 Vgl. u. a.: F. Maschek, Goethes Reisen. T. 1.2, Reichenberg 1887/88; G. Balzer, Goethe auf Reisen. München 1979.
2 Vgl. H. Witthöft, Norddeutsche Reiseliteratur des 18. und frühen 19. Jahrhunderts als Quellen für die wirtschafts- und sozialgeschichtliche Forschung. In: Reiseberichte als Quellen europäischer Kulturgeschichte. Hrsg. von A. Mączak und H. J. Teuteburg. Wolfenbüttel 1982, S. 204.
3 Vgl. J. G. Seume, Spaziergang nach Syrakus im Jahre 1802. T. 1.2, 2. Aufl., Braunschweig und Leipzig 1805.
4 Vgl. z. B.: W. H. Wackenroder, Herzensergießungen eines kunstliebenden Klosterbruders. Berlin 1797.
5 Vgl. H. L. C. Böttger, Vorschlag einer Uniform für Reisende zu Fuße. In: Journal des Luxus und der Moden. Bd. 15, Jg. 1800 (Mai), S. 217–223.
6 Vgl. W. Löschburg, Von Reiselust und Reiseleid. Leipzig 1977, S. 88.
7 F. Posselt, Apodemik oder die Kunst zu reisen. Bd. 2, Leipzig 1795, S. 147.
8 Vgl. C. A. Becker, Neues Post- und Reise-Taschenbuch. Jena 1803, S. 82.
9 Ebenda, S. 80.
10 Vgl. ebenda, S. 94 f. und 382 f.
11 H. A. O. Reichard, Der Passagier auf der Reise in Deutschland und einigen angrenzenden Ländern . . . Ein Reisehandbuch für Jedermann. Berlin 1806, S. 145.
12 Vgl. ebenda, S. 30.
13 Vgl. K. Beyrer, Etappen der Personenbeförderung im deutschen Postreiseverkehr. In: Archiv für deutsche Postgeschichte, 1/1987, S. 48 ff.; Beyrer, Die Postkutschenreise. Tübingen 1985, S. 79 ff.
14 Vgl. Löschburg, Von Reiselust und Reiseleid; R. Barth, Wer damals eine Reise tat . . . Sammlung historischer Wagen. Zur Kulturgeschichte der Kutsche. Hrsg. von den Kunstsammlungen zu Weimar. Weimar 1986; Becker, Neues Post- und Reise-Taschenbuch, S. 394 ff.
15 Vgl. auch: I. Burghoff und Dr. L. Burghoff, Reisen zu Goethe. Berlin–Leipzig 1982; Goethe-Handbuch. Hrsg. von A. Zastrau. Bd. 4, Stuttgart 1956.
16 Vgl. H.Wolff, Wie Goethe reiste. In: Wissenschaftliche Zeitschrift der Universität Halle. Gesellschafts- und Sprachwissenschaftliche Reihe. Jg.V, H. 6 (August 1956), S. 1011.
17 GSA 1810 XX, 6, Fasz. 2, Bl. 12.
18 Vgl. Wolff, Wie Goethe reiste, S. 1005 f.
19 Vgl. Goethes Schweizerreisen. Tagebücher/Briefe/Gedichte/Handzeichnungen. Hrsg. von H. Wahl. Bern 1921, S. 156.
20 Vgl. Wolff, Wie Goethe reiste, S. 999 f.
21 Vgl. H. Schmidt, Die Kunst des Reisens. Bemerkungen zum Reisebetrieb im späten 18. Jahrhundert am Beispiel von Goethes erster Italienreise. In: Goethe in Italien. Ausstellung des Goethe-Museums Düsseldorf. Mainz 1986, S. 10 f.
22 Wolff (Wie Goethe reiste, S. 978) begründet die Trink- und Badereisen Goethes mit dessen organischen Funktionsstörungen, hervorgerufen durch gesundheitswidrige Ernährung.
23 Vgl. WA I 29, 88 f., 97.
24 Vgl. WA I 29, 134 f.
25 Vgl. G. Femmel, Corpus der Goethezeichnungen. Bd. 1, Leipzig 1959, S. 55 f.
26 J. G. Keyßler, Neueste Reise durch Teutschland, Böhmen, Ungarn, die Schweiz, Italien und Lothringen. Hannover 1740, S. 167.
27 Vgl. W. Vulpius, Goethe in Thüringen. Stätten seines Lebens und Wirkens. Rudolstadt 1955.
28 Vgl. WA IV 3, 163.
29 Vgl. WA IV 3, 43 ff.
30 Vgl.: Vulpius, Goethe in Thüringen, S. 135–155; O. Wagenbreth, Goethe und der Ilmenauer Bergbau. Weimar 1983.
31 Vgl. Vulpius, Goethe in Thüringen, S.13 f.
32 Vgl. Femmel, Corpus der Goethezeichnungen, Bd. 1, S. 73 f.

33 Vgl. Wagenbreth, Goethe und der Ilmenauer Bergbau, S. 43.
34 Vgl. WA II 1, 35 f.
35 Vgl. WA III 1, 66.
36 J. P. Eckermann, Gespräche mit Goethe in den letzten Jahren seines Lebens. Berlin und Weimar 1982, S. 602 f.
37 Ebenda, S. 602.
38 Ebenda.
39 Carl August von Weimar in seinen Briefen. Hrsg. von H. Wahl. Weimar 1918, S. 21.
40 Buchfart ist eine kleine Ortschaft in bergiger Gegend 10 km südlich von Weimar. Die ›Buchfarter Höhlen‹, ein mittelalterliches ›Schloß‹, befinden sich im steilen Felshang an der Ilm. ›Etterischer Steinbruch‹ meint den Bruch im benachbarten Dorfe Öttern an der Ilm (vgl. WA II 13, 321).
41 Vgl. W. Bode, Die Schweiz, wie Goethe sie sah. Leipzig 1922, S. 30.
42 Vgl. WA IV 4, 75, 77, 87, 124, 129.
43 Vgl. Wolff, Wie Goethe reiste, S. 1009.
44 Vgl. Beyrer, Etappen der Personenbeförderung . . ., S. 45.
45 Goethe-Jahrbuch. Bd. 9, Frankfurt/M. 1888, S. 16 bis 19;
Treffliche Wirkungen. Anekdoten von und über Goethe. Hrsg. von A. u. W. Dietze. Bd. 1, Berlin und Weimar 1987, S. 150 f.
46 Vgl. u. a. F. Noack, Das Deutschtum in Rom. Bd. 1, Stuttgart, Berlin und Leipzig 1927, S. 344 ff.
47 Vgl. Reichard, Der Passagier auf der Reise . . ., S. 21 ff.
48 Vgl. Löschburg, Von Reiselust und Reiseleid, S. 85 ff.
49 Vgl. J. J. Volkmann, Historisch-kritische Nachrichten von Italien. Bd. 1–3, Leipzig 1770/71.
50 Vgl. Löschburg, Von Reiselust und Reiseleid, S. 85.
51 Heute im Goethe-Museum Weimar, Raum 6, ausgestellt.
52 Reichard, Der Passagier auf der Reise . . ., S. 27 ff.
53 Volkmann, Historisch-kritische Nachrichten von Italien, Bd. 1, S. 80 f.
54 Reichard, Der Passagier auf der Reise . . ., S. 176.
55 Vgl. Beyrer, Etappen der Personenbeförderung . . ., S. 34 f.
56 Vgl. K. Ph. Moritz, Reisen eines Deutschen in Italien in den Jahren 1786 bis 1788. T. 1, Berlin 1792, S. 11 f.
57 Volkmann, Historisch-kritische Nachrichten von Italien, Bd. 1, S. 82.
58 Moritz, Reisen eines Deutschen in Italien . . ., T. 1, S. 15.
59 Vgl. ebenda, S. 89 ff., 96.
60 J. G. Herder, Briefe. Gesamtausgabe 1763–1803. Bearbeitet von Wilhelm Dobbek † und Günter Arnold. Bd. 6: August 1788–Dezember 1792. Weimar 1981, S. 42 f.
61 A. W. Kephalides, Reise durch Italien und Sicilien. Leipzig 1818, T. 1, S. 295.
62 Vgl. A. S. Puschkin, Gesammelte Werke in sechs Bänden. Hrsg. von H. Raab. Bd. 4, Berlin und Weimar 1984, S. 90 f.
63 Vgl. H. Zimmermann, Der Antiquar und die Revolution. Friedrich Leopold von Stolbergs Reisen in Deutschland, der Schweiz, Italien und Sizilien. In: Reise und soziale Realität Ende des 18. Jahrhunderts. Hrsg. von W. Griep/H.-W. Jäger. Heidelberg 1983, S. 100.
64 Zitiert nach: Auch ich in Arcadien. Kunstreisen nach Italien 1600–1900. Sonderausstellung des Schiller-Nationalmuseums. Stuttgart 1966, S. 67.
65 Zitiert nach: H. Segeberg, Die literarisierte Reise im späten 18. Jahrhundert. Ein Beitrag zur Gattungstypologie. In: Reise und soziale Realität, S. 16.
66 Anonym (d. i. Johann Kaspar Riesbeck), Briefe eines reisenden Franzosen. An seinen Bruder zu Paris. Bd. 1, (Zürich) 1784, S. 2.
67 Jean-Jacques Rousseau, Emile oder über die Erziehung. Stuttgart 1968, S. 824.
68 Volkmann, Historisch-kritische Nachrichten von Italien, Bd. 1, S. 82.
69 Vgl. WA I 31, 149, 179 f., 184, 211.
70 Kephalides, Reise durch Italien und Sicilien, T. 1, S. 20
71 Ebenda, T. 2, S. 292.
72 Goethe. Berliner Ausgabe. Bd. 14, Berlin 1978, S. 543 f.
73 Herder, Briefe, Bd. 6, S. 49 f.
74 J. Hager, Gemälde von Palermo. Berlin 1799, S. 130 f.
75 Houels Reisen durch Sicilien, Malta und die liparischen Inseln. T. 1, Gotha 1797, S. 29 f. – Das Buch befindet sich in der Bibliothek Goethes.
76 Aus Schinkels Nachlaß. Reisetagebücher, Briefe und Aphorismen. Bd. 1, Berlin 1867, S. 37.
77 Ebenda, S. 120.
78 Kephalides, Reise durch Italien und Sicilien, T. 1, S. 213 f.
79 Ebenda, S. 321.

80 Vgl. ebenda, T. 2, S. 252.
81 Ebenda, T. 1, S. 263 f.
82 Reichard, Der Passagier auf der Reise . . ., S. 220.
83 Vgl. WA I 31, 87, 149.
84 Vgl. Wolff, Wie Goethe reiste, S. 1010.
85 Vgl. ebenda, S. 1008.
86 Vgl. Beyrer, Etappen der Personenbeförderung . . ., S. 45.
87 Vgl. z. B. das sehr unsachliche Italienbild bei: W. v. Archenholtz, England und Italien. Bd. 1, Leipzig 1787, S. 4–21.
88 Herder, Briefe, Bd. 6, S. 60 f.
89 Ebenda, S. 75 f.
90 Ebenda, S. 79.
91 Ebenda, S. 74.
92 Vgl. WA I 30, 73 f.
93 Vgl. W. E. Stuart, Gesellschaftspolitische Tendenzen in der Reisebeschreibung des ausgehenden 18. Jahrhunderts. In: Reisen und soziale Realität, S. 25 ff.
94 Zitiert nach: Auch ich in Arcadien, S. 129.
95 Kephalides, Reise durch Italien und Sicilien, T. 1, S. 270.
96 Ebenda, S. 269.
97 Vgl. ebenda, S. 297–327.
98 Vgl. Löschburg, Von Reiselust und Reiseleid, S. 113 ff.
99 F. Münter, Nachrichten von Neapel und Sicilien auf einer Reise in den Jahren 1785 und 1786. Kopenhagen 1790, S. 217.
100 Vgl. WA I 31, 177.
101 Vgl. WA I 31, 228 – 232.
102 Vgl. WA III 1, 147, 158.
103 Vgl. WA I 31, 14, 57; Goethe, Berliner Ausgabe, Bd. 14, S. 501, 569.
104 Reichard, Der Passagier auf der Reise . . ., S. 57.
105 Ebenda, S. 84 f.
106 Vgl. WA I 31, 30 f.
107 Vgl. WA I 31, 193.
108 Vgl. WA I 30, 44 ff.
109 Vgl. Moritz, Reisen eines Deutschen in Italien . . ., T. 1, S. 121.
110 Vgl. Münter, Nachrichten von Neapel und Sicilien . . ., S. 7.
111 (N. v. Grund), Malerische Reise eines deutschen Künstlers nach Rom. Wien 1789, S. 169.
112 Vgl.: WA I 30, 50; WA I 32, 276; Moritz, Reisen eines Deutschen in Italien . . ., T. 2, S. 168.
113 Vgl. J. H. v. Riedesel, Reise durch Sicilien und Großgriechenland. Zürich 1771, S. 15, 63, 177.
114 Moritz, Reisen eines Deutschen in Italien . . ., T. 2, S. 55.
115 Vgl. Aus Schinkels Nachlaß, S. 17, 109, 126.
116 Vgl. Seume, Spaziergang nach Syrakus im Jahr 1802, T. 1, S. 200 ff.
117 Vgl. Kephalides, Reise durch Italien und Sicilien, T. 1, S. 205; T. 2, S. 206, 211.
118 Vgl. Aus Schinkels Nachlaß, S. 23, 143, 119, 113, 123.
119 Vgl. Kephalides, Reise durch Italien und Sicilien, T. 1, S. 279.
120 Vgl. Reichard, Der Passagier auf der Reise . . ., S. 53 f.
121 Vgl. WA III 2, 13.
122 Vgl. WA III 2, 19.
123 H. Wentzel, Goethe in Schlesien. 1790. Ein Beitrag zur Goetheliteratur. Oppeln 1869, S. 33; neu gedruckt in: Treffliche Wirkungen, Bd. 1, S. 209.
124 Vgl. WA II 8, 260 – 276.
125 Vgl. hierzu weitere Literatur in: J. Klauß, Polen in der deutschen Literatur von 1795–1830. Diss. (A) Potsdam 1982. – 1986 erschien zur Thematik die literarische Bearbeitung von H. Zenker ›Mit Goethe in Polen‹.
126 Vgl. WA IV 9, 231.
127 Vgl. WA IV 9, 233 f.
128 Vgl. WA IV 36, 67.
129 Vgl. WA I 33, 130 – 142.
130 Goethe, Berliner Ausgabe, Bd. 15, S. 334.
131 Vgl. Bode, Die Schweiz, wie Goethe sie sah, S. 43.
132 Eckermann, Gespräche mit Goethe . . ., S. 583 f.
133 Reise durch einen Theil von Teutschland, Helvetien, und Ober-Italien, im Sommer 1803. In Briefen an einen Freund. Bd. 1, Berlin 1805, S. 20 – 22.
134 Vgl. Wolff, Wie Goethe reiste, S. 1000.
135 Vgl. ebenda, S. 981.
136 Vgl. WA III 9, 90 ff.
137 Vgl. WA IV 37, 189, 191.

Literatur

Wilhelm von Archenholtz, England und Italien. Bd. 1, Leipzig 1787.

Auch ich in Arcadien. Kunstreisen nach Italien 1600 bis 1900. Sonderausstellung des Schiller-Nationalmuseums. Stuttgart 1966.

Georg Balzer, Goethe auf Reisen. München 1979.

Renate Barth, Wer damals eine Reise tat . . . Sammlung historischer Wagen. Zur Kulturgeschichte der Kutsche. Hrsg. von den Kunstsammlungen zu Weimar. Weimar 1986.

Carl August Becker, Neues Post- und Reise-Taschenbuch. Jena 1803.

Klaus Beyrer, Etappen der Personenbeförderung im deutschen Postreiseverkehr. In: Archiv für deutsche Postgeschichte, 1/1987, S. 48 ff.

– derselbe, Die Postkutschenreise, Tübingen 1985

Wilhelm Bode, Die Schweiz, wie Goethe sie sah. Leipzig 1922.

H. L. C. Böttger, Vorschlag einer Uniform für Reisende zu Fuß. In: Journal des Luxus und der Moden. Bd. 15, Jg. 1800 (Mai), S. 217–223.

Ingrid Burghoff/Dr. Lothar Burghoff, Reisen zu Goethe. Berlin–Leipzig 1982.

Carl August von Weimar in seinen Briefen. Hrsg. von Dr. Hans Wahl. Weimar 1918.

Johann Peter Eckermann, Gespräche mit Goethe in den letzten Jahren seines Lebens. Berlin und Weimar 1982.

Gerhard Femmel, Corpus der Goethezeichnungen. Bd. 1, Leipzig 1959.

Goethe-Handbuch. Hrsg. von Alfred Zastrau. Bd. 4, Stuttgart 1956.

Goethes Schweizerreisen. Tagebücher/Briefe/Gedichte/Handzeichnungen. Hrsg. von H(ans) Wahl. Bern 1921.

(Norbert von Grund), Malerische Reise eines deutschen Künstlers nach Rom. Wien 1789.

Joseph Hager, Gemälde von Palermo. Berlin 1799.

Johann Gottfried Herder, Briefe. Gesamtausgabe 1763 bis 1803. Bearbeitet von Wilhelm Dobbek † und Günter Arnold. Bd. 6: August 1788 – Dezember 1792. Weimar 1981.

(Johann Timotheus Hermes), Sophiens Reise von Memel nach Sachsen. Bd. 1–6, Leipzig 1778.

(Jean Pierre Louis Laurent) Houels Reisen durch Sicilien, Malta und die liparischen Inseln. T. 1.2, Gotha 1797.

August Wilhelm Kephalides, Reise durch Italien und Sicilien. Leipzig 1818.

Johann Georg Keyßler, Neueste Reise durch Teutschland, Böhmen, Ungarn, die Schweiz, Italien und Lothringen. Hannover 1740.

Jochen Klauß, Polen in der deutschen Literatur von 1795 bis 1830. Diss. (A) Potsdam 1982.

Gottlob Friedrich Krebel, Die vornehmsten Europäischen Reisen. Bd. 1.2, Hamburg 1775.

Friedrich Christian Laukhards Leben und Schicksale, von ihm selbst beschrieben. Bd. 1–6, Halle–Leipzig 1792/1802.

Winfried Löschburg, Von Reiselust und Reiseleid. Leipzig 1977.

Friedrich Maschek, Goethes Reisen. T. 1.2, Reichenberg 1887/88.

Karl Philipp Moritz, Reisen eines Deutschen in Italien in den Jahren 1786 bis 1788. T. 1.2, Berlin 1792.

Friedrich Münter, Nachrichten von Neapel und Sicilien auf einer Reise in den Jahren 1785 und 1786. Kopenhagen 1790.

Friedrich Noack, Das Deutschtum in Rom. Bd. 1, Stuttgart, Berlin und Leipzig 1927.

Erwin Poeschel, Goethes Reise durch Graubünden. In: Bündnerisches Monatsblatt. Zeitschrift für Bündnerische Geschichte, Landes- und Volkskunde. Hrsg. von F. Pieth, Chur, 4/1951, S. 97–107.

Franz Posselt, Apodemik oder die Kunst zu reisen. Bd. 1.2, Leipzig 1795.

Alexander Sergejewitsch Puschkin, Gesammelte Werke in sechs Bänden. Hrsg. von H. Raab. Bd. 4, Berlin und Weimar 1984.

Elfriede Rehbein, Zu Wasser und zu Lande. Die Geschichte des Verkehrswesens von den Anfängen bis zum Ende des 19. Jahrhunderts. Leipzig 1984.

Heinrich August Ottokar Reichard, Der Passagier auf der Reise in Deutschland und einigen angränzenden Ländern, vorzüglich in Hinsicht auf seine Belehrung, Bequemlichkeit und Sicherheit. Ein Reisehandbuch für Jedermann. Berlin 1806.

Georg Reinbeck, Reiseplaudereien. Bd. 1.2, Stuttgart 1837.

Reise durch einen Theil von Teutschland, Helvetien, und Ober-Italien, im Sommer 1803. In Briefen an einen Freund. Bd. 1, Berlin 1805.

Johann Heinrich von Riedesel, Reise durch Sicilien und Großgriechenland. Zürich 1771.

(Johann Kaspar Riesbeck), Briefe eines reisenden Franzo-

sen. An seinen Bruder zu Paris. Bd. 1.2, (Zürich) 1784.
Jean-Jacques Rousseau, Emile oder über die Erziehung. Stuttgart 1968.
Aus Schinkels Nachlaß. Reisetagebücher, Briefe und Aphorismen. Mitgetheilt und mit einem Verzeichnis sämmtlicher Werke Schinkels versehen von A. v. Wolzogen. Bd. 1, Berlin 1867.
Hartmut Schmidt, Die Kunst des Reisens. Bemerkungen zum Reisebetrieb im späten 18. Jahrhundert am Beispiel von Goethes erster Italienreise. In: Goethe in Italien. Ausstellung des Goethe-Museums Düsseldorf. Mainz 1986, S. 9–14.
H. Segeberg, Die literarisierte Reise im späten 18. Jahrhundert. Ein Beitrag zur Gattungstypologie. In: Reise und soziale Realität Ende des 18. Jahrhunderts. Hrsg. von W. Griep/H.-W. Jäger. Heidelberg 1983, S. 11 ff.
Johann Gottfried Seume, Spaziergang nach Syrakus im Jahre 1802. T. 1.2, 2. Aufl., Braunschweig und Leipzig 1805.
W. E. Stuart, Gesellschaftspolitische Tendenzen in der Reisebeschreibung des ausgehenden 18. Jahrhunderts. In: Reisen und soziale Realität Ende des 18. Jahrhunderts. Hrsg. von W. Griep/H.-W. Jäger. Heidelberg 1983, S. 25 ff.
Treffliche Wirkungen. Anekdoten von und über Goethe. Hrsg. von Anita und Walter Dietze. Bd. 1.2, Berlin und Weimar 1987.
Johann Jakob Volkmann, Historisch-kritische Nachrichten von Italien. Bd. 1–3, Leipzig 1770/71.
Wolfgang Vulpius, Goethe in Thüringen. Stätten seines Lebens und Wirkens. Rudolstadt 1955.
Wilhelm Heinrich Wackenroder, Herzensergießungen eines kunstliebenden Klosterbruders. Berlin 1797.
Otfried Wagenbreth, Goethe und der Ilmenauer Bergbau. Weimar 1983.
Hermann Wentzel, Goethe in Schlesien. 1790. Ein Beitrag zur Goetheliteratur. Oppeln 1869.
Harald Witthöft, Norddeutsche Reiseliteratur des 18. und frühen 19. Jahrhunderts als Quelle für die wirtschafts- und sozialgeschichtliche Forschung. In: Reiseberichte als Quellen europäischer Kulturgeschichte. Hrsg. von Antoni Mączak und Hans Jürgen Teuteburg. Wolfenbüttel 1982, S. 201–209.
Hellmuth Wolff, Wie Goethe reiste. In: Wissenschaftliche Zeitschrift der Universität Halle. Gesellschafts- und Sprachwissenschaftliche Reihe. Jg. V, H. 6 (August 1956), S. 970–1015.
Hartmut Zenker, Mit Goethe in Polen. Berlin 1986.
Harro Zimmermann, Der Antiquar und die Revolution. Friedrich Leopold von Stolbergs Reisen in Deutschland, der Schweiz, Italien und Sizilien. In: Reise und soziale Realität Ende des 18. Jahrhunderts. Hrsg. von W. Griep/H.-W. Jäger. Heidelberg 1983, S. 90 ff.
Friedrich Zollinger, Goethe in Zürich. Zürich 1932.

Inhalt

ISBN 3-7443-0071-4

Ag 516 16 89 LSV 8020
Redaktion: Reiner Schlichting
Herstellung: Druckhaus Weimar
Printed in the German Democratic Republic
Bestell-Nr.: 801 781 3
01600